HELMUT MARTENS

Grundlagen und Formen der Entlohnung

Veröffentlichungen des Instituts für Industrieforschung
der Freien Universität Berlin

Herausgegeben von Prof. Dr. Erich Kosiol

Band 6

(Ab Band 16: Betriebswirtschaftliche Forschungsergebnisse)

Grundlagen und Formen der Entlohnung

Von

Dipl.-Kfm. Dr. Helmut Martens
Wissenschaftlicher Assistent am Institut für Industrieforschung

DUNCKER & HUMBLOT / BERLIN

Unveränderter Nachdruck der 1. Auflage
im Printing on Demand-Verfahren

Vorwort des Herausgebers

In meiner Schrift über die *„Theorie der Lohnstruktur"* (Stuttgart 1928) habe ich den formalen Aufbau der verschiedenen Lohnmethoden untersucht, seine ökonomischen Auswirkungen aufgezeigt und ein strukturelles System der Lohnformen aufgestellt.

Nun sind seit den letzten Jahren in Deutschland bei der Behandlung betriebswirtschaftlicher Lohnprobleme die Lohnformen in den Hintergrund getreten. Damit soll nicht gesagt sein, daß der Hinweis auf ihre betriebswirtschaftliche Bedeutung unterblieben wäre. In erster Linie wurden jedoch andere Bereiche des betriebswirtschaftlichen Lohnproblems behandelt und weiterentwickelt. Die betriebswirtschaftliche Lohnproblematik ist auf eine breitere Basis gestellt worden. Das Hauptaugenmerk hat sich den *Entlohnungsgrundlagen* zugewandt; neben den Methoden der Normalgrößenbestimmung (Refa) haben vor allem die Verfahren der Arbeitsbewertung (insbesondere die analytische Arbeitsbewertung nach Euler und Stevens) und in neuester Zeit auch die Versuche zur Beurteilung der persönlichen Leistung (Leistungsbewertung) an Interesse gewonnen. Der systematische Ausbau der Entlohnungsgrundlagen hat sich für die Praxis als außerordentlich fruchtbar erwiesen.

Indessen kommen in den Unternehmungen — aufbauend auf den eben genannten Entlohnungsgrundlagen — nach wie vor die verschiedensten *Lohnformen* zur Anwendung, und zwar nicht nur die Elementarlohnformen des Zeit- und Stücklohnes, sondern auch die Prämienlöhne. Eine Untersuchung der damit verbundenen Fragen ist also auch heute noch wichtig.

Die vorliegende, von mir angeregte Arbeit sollte daher in Fortführung meiner Schrift die heutige Bedeutung der Lohnformen für die Leistungsentlohnung darstellen und gleichzeitig den Zusammenhang mit den Entlohnungsgrundlagen untersuchen. Dabei waren auch andere, im Rahmen des Instituts für Industrieforschung durchgeführte neuere Erhebungen und Studien zu berücksichtigen.

Die Arbeit gelangt zu dem Ergebnis, daß die Entlohnungsgrundlagen auf die *Anwendungsmöglichkeiten* verschiedener Lohnformen tatsächlich erheblichen Einfluß gewonnen haben. So kann z. B. der dem Zeitlohn aufgrund seiner inneren Struktur fehlende Anreiz zur Leistungssteigerung durch eine sinnvolle Arbeits- und Leistungsbewertung ersetzt werden. Damit läßt sich das Zeitlohnverfahren auch in solchen Fällen anwenden, in denen eine genaue Leistungsvorgabe nicht möglich ist, ein Anreiz zur Arbeitssteigerung aber gegeben werden soll. Ferner ermöglicht der große Fortschritt auf dem Gebiete der Normalgrößenermittlung, der in Deutschland mit dem Refa-Gedankengut verknüpft ist, heute im allgemeinen einen reibungslosen und erfolgreichen Einsatz des Stücklohnverfahrens. In der Untersuchung wird außerdem die besondere Bedeutung der Prämienlöhne für die betriebliche Leistungspolitik nachgewiesen und gezeigt, inwieweit die verschiedenen Prämienlohnverfahren durch Garantie des Mindestlohnes und Gewährung des Verdienstrichtsatzes bei Normalleistung den praktischen Anforderungen entsprechen, die an eine leistungsgerechte Entlohnung gestellt werden.

Durch die Gegenüberstellung der besonders von Gutenberg in den Vordergrund gerückten *Lohndifferenzierung* einerseits und der *Lohnformen* andererseits wird versucht, die leistungspolitische Bedeutung dieser beiden Mittel betrieblicher Lohnpolitik zu umreißen.

Die zunehmende Beachtung, welche die leistungsgerechte Differenzierung der Lohnsätze auf der Grundlage einer Arbeitsbewertung gefunden hat, läßt es zweckmäßig erscheinen, den von mir formulierten *Grundsatz der Äquivalenz von Lohn und Leistung* (Äquivalenzprinzip) auszuweiten bzw. aufzuspalten. Ursprünglich war mit der Festlegung dieses Grundsatzes die Übereinstimmung von Lohn und *Leistungsgrad* gemeint. Das Äquivalenzprinzip kann nun mühelos auch auf die Übereinstimmung von Lohn und *Anforderungsgrad* (Schwierigkeitsgrad der Arbeit) übertragen werden, wobei ebenfalls nur an die Äquivalenz im Rahmen der relativen Lohnhöhe gedacht ist. Die absolute Lohnhöhe entzieht sich dem unmittelbaren Einfluß der einzelnen Unternehmung.

Die vorliegende Arbeit bedient sich bei der Darstellung der Lohnformen des von mir entwickelten strukturellen Systems, das sich bis heute bewährt hat und in das alle bekannten und in der Praxis üblichen Lohnformen zwanglos eingeordnet werden können. Dies gilt hinsichtlich der Prämienform auch für Lohnformen, die nicht nur auf den Maßstäben von Zeit und Menge, sondern z. B. auch auf Qualitätsgraden, Ersparnisgrößen usw. aufbauen und in neuerer Zeit eine weite Verbreitung gefunden haben.

Der Schrift ist für englischsprechende Leser ein *Summary* (Zusammenfassung) einschließlich *Contents* (Inhaltsverzeichnis) beigefügt.

Berlin, im November 1958

Erich Kosiol

Inhalt

Einleitung

Seit dem Ende des vorigen Jahrhunderts haben die betriebswirtschaftlichen Lohnprobleme in Praxis und Wissenschaft eine zunehmende Beachtung gefunden. Die Gründe dafür sind in der wirtschaftlichen und soziologischen Entwicklung des Industriezeitalters zu suchen. Ein verschärfter Wettbewerb zwang die Unternehmungsleitungen, dem Lohn als Kostenfaktor und Erfolgskomponente erhöhte Aufmerksamkeit zu widmen. Mit dem Aufkommen der sozialen Arbeiterfrage mußte versucht werden, auch auf dem Wege über den Lohn zu einem Ausgleich der Interessen der Sozialpartner zu gelangen[1].

Die Entwicklung auf dem Gebiete des Lohnwesens war eine Zeitlang gekennzeichnet durch die Schaffung neuer Lohnformen. Es handelt sich bei den Lohnformen um gedankliche Konstruktionen, die einen Zusammenhang zwischen Leistung und Lohn festlegen. In ihnen kommt ein bestimmter Wille zur Leistungs- und Lohngestaltung zum Ausdruck, der sich mathematisch in einem bestimmten Verlauf der Lohnfunktion niederschlägt. Neue Lohnformen wurden zum Teil in der Absicht geschaffen, vermeintliche Schwächen bestehender Lohnformen zu beseitigen[2].

Die althergebrachte Form der Entlohnung, der Zeitlohn, war teilweise durch den Stücklohn verdrängt worden. Es entstanden die Prämienlöhne von Taylor (1884), Towne (1886), Halsey (1890), Rowan (1898), Gantt (1901) und anderen. Die Schöpfer der neuen Lohnformen erhofften sich von ihnen eine Hebung der Wirtschaftlichkeit der Betriebe und eine Verbesserung des Verhältnisses zwischen Arbeitgeber und Arbeitnehmer[3].

---

[1] Vgl. hierzu die Diskussionsbeiträge im Anhang bei Taylor-Wallichs: Die Betriebsleitung insbesondere der Werkstätten. Autorisierte deutsche Bearbeitung der Schrift „Shop management" von Fred. W. Taylor, 3., vermehrte Auflage, Berlin 1917, S. 131 ff., insbesondere S. 136—138 und S. 154 f.; vgl. ferner Schloß-Bernhard: Handbuch der Löhnungsmethoden. Eine Bearbeitung von David F. Schloß' Methods of Industrial Remuneration von Ludwig Bernhard, Leipzig 1906, Einführung S. VII; Bodelschwingh, H. v.: Die Leistungsbelohnung im amerikanischen Betriebe. Dissertation TH Berlin 1934, S. 9.

[2] So sagt z. B. Halsey zu Beginn der Darstellung seiner neuentwickelten Lohnform: „This plan has been devised in order to overcome the objections inherent in the other plans in general use. It accomplishes this purpose without introducing corresponding objections of its own."
Halsey, F. A.: The Premium Plan of Paying for Labor. Transactions of the American Society of Mechanical Engineers, Vol. XII, New York 1891, S. 755.

[3] „It (die Lohnform Gantts; der Verf.) is an attempt at harmonizing the

Dieser angestrebte Erfolg wurde aber nicht immer in vollem Maße erreicht[4]. Das lag jedoch nicht an den rational einwandfreien Lohngebilden, sondern an der falschen Handhabung der Lohnformen. Es mußte sich erst die Erkenntnis durchsetzen, daß jede Lohnform nur für ganz bestimmte Arbeitsarten anwendbar ist, und daß bei vielen Lohnformen zunächst besondere Voraussetzungen geschaffen werden müssen, bevor sie erfolgreich angewendet werden können. So erfordert z. B. der Stücklohn unbedingt eine genaue Normalgrößenermittlung. Die Notwendigkeit einer einwandfreien Erfassung der Normalgrößen hatte Taylor bereits erkannt.

Im Laufe der Zeit wurde das Augenmerk immer mehr auf die zweckmäßige Anwendung und praktische Handhabung der Lohnformen gelenkt. Man entwickelte die Verfahren der Arbeitsbewertung und verbesserte die Methoden der Normalgrößenermittlung. Damit wurde der bisherige Mangel an ausreichenden Entlohnungsgrundlagen bis zu einem gewissen Grade beseitigt. Heute sind die Grundlagen und Mittel der betrieblichen Lohnpolitik so weit entwickelt, daß wir in der Lage sind, einen Leistungslohn zu realisieren, der in der Regel den betrieblichen Gegebenheiten Rechnung trägt und die Sozialpartner im allgemeinen hinreichend zufriedenstellt[5].

Die betriebswirtschaftlichen Probleme, die mit dem Lohn zusammenhängen, sind bereits in einer recht umfangreichen Literatur behandelt worden. In der vorliegenden Arbeit soll versucht werden, die besondere Frage aus dem betriebswirtschaftlichen Problemkreis um den Lohn herauszugreifen, welche Bedeutung die einzelnen *Lohnformen* heute für die *leistungsgerechte Entlohnung* haben und welches Gewicht in diesem Zusammenhang den *Entlohnungsgrundlagen* zukommt.

Eine gleichzeitige Betrachtung der Lohnformen und ihrer Grundlagen scheint deshalb fruchtbar zu sein, weil die angedeutete *Entwicklung der Entlohnungsgrundlagen nicht ohne Einfluß auf die praktische Bedeutung der Lohnformen* geblieben ist. Die Wandlungen, die sich in den letzten Jahrzehnten auf dem Gebiete des Lohnwesens vollzogen haben, führten zu *breiteren und verbesserten Anwendungsmöglichkeiten verschiedener Lohnformen.*

So wirkt sich beispielsweise ein Zeitlohn, dem eine analytische Arbeitsbewertung und eine leistungsgerechte Lohndifferenzierung zugrundeliegen, anders auf die Arbeitsleistung aus als ein Zeitlohn mit mehr oder weniger willkürlich festgelegtem Zeitlohnsatz. Die weitgehend exakte

---

interests of the employer and employee ..."

Gantt, H. L.: A Bonus System of Rewarding Labor. Transactions of the American Society of Mechanical Engineers, Vol. XXIII, New York 1902, S. 341.

[4] Vgl. Halsey, F. A., a. a. O., S. 756.

[5] Von den Streitigkeiten der Tarifpartner über die absolute Lohnhöhe wird hier bei der Behandlung des Leistungslohnes abgesehen.

Normalgrößenermittlung bewirkt einen reibungslosen Einsatz des Stücklohnes und eine Leistungssteigerung. Der Ersatz des Stücklohnes durch Lohnformen, die den Fehler einer mangelnden Normalgrößenbestimmung einschränken sollen[6], ist hier nicht mehr erforderlich.

Die Entlohnungsgrundlagen üben also einen wichtigen Einfluß auf die ökonomische Wirkung der Lohnformen aus. Und so ist im Rahmen der allgemeinen Frage nach der Bedeutung der Lohnformen für den Leistungslohn noch eine besondere Problemstellung angebracht. Es ist dies die Frage: Welche Zusammenhänge bestehen zwischen den Grundlagen und den Formen der Entlohnung? Nur wenn man diese gegenseitigen Beziehungen kennt, kann man die heutige Bedeutung der Lohnformen für die betriebliche Lohnpolitik hinreichend kennzeichnen; denn erst das Zusammenspiel von Grundlagen und Formen der Entlohnung bringt uns dem Ziele der Leistungsentlohnung näher. Entlohnungsgrundlagen und Lohnformen gemeinsam machen im wesentlichen das aus, was man in den Unternehmungen als Lohnsystem bezeichnet.

Die Fortschritte der Arbeitsbewertung und der Verfahren zur Normalzeitermittlung sowie die Einführung einer Leistungsbewertung haben insbesondere den Elementarlohnformen Zeitlohn und Stücklohn zunehmende praktische Bedeutung und erfolgreichere Anwendungsmöglichkeiten verschafft. Es ist daher nicht verwunderlich, wenn an einigen Stellen der Literatur[7] die Auffassung durchdringt, daß die komplizier-

---

[6] Halsey entwickelte seine Lohnform, um einen angeblichen Mangel des Stücklohnes, der in Wirklichkeit auf ungenauen Normalgrößen beruhte, zu beseitigen. Vgl. Halsey, F. A., a. a. O., S. 760.

[7] So etwa Peter: „Das Anwendungsgebiet der Prämienlöhne ist begrenzt. In den meisten Fällen wird der Stücklohn die Leistungsunterschiede in genügendem Maße berücksichtigen." (Peter, Hans: Sind Prämienlöhne Leistungslöhne? Dissertation Frankfurt am Main 1949, S. 125.) Wegen der Möglichkeit einer besseren Anpassung an verschiedenartige Leistungen und wegen der Möglichkeit einer unterschiedlichen Leistungsbeeinflussung (die Peter vorher selbst hervorhebt) steht den Prämienlöhnen aber ein sehr großes Anwendungsgebiet offen.
Ochs behauptet, daß die Prämienlöhne „recht selten" anzutreffen seien. (Ochs, Richard: Grundlagen, Arten und Probleme des Leistungslohns. Dissertation, Frankfurt am Main 1949, S. 327.) Oboth hat aber allein bei 87 untersuchten Betrieben verschiedener Branchen 13 Betriebe aufgefunden, die Prämienlöhne anwenden. (Oboth, Heinrich: Der gegenwärtige Stand der Prämienlöhne in der Industrie. Diplomarbeit Freie Universität Berlin 1952, S. 18.)
Auch Gutenberg schenkt den Prämienlöhnen nicht die nach Ansicht des Verfassers notwendige Beachtung. Er stellt die „Forderung nach angemessener Vergütung der Mehrleistungen" auf. (Gutenberg, Erich: Grundlagen der Betriebswirtschaftslehre. 1. Bd.: Die Produktion. 2. Aufl., Berlin-Göttingen-Heidelberg 1955, S. 50.) Wie aus seinen weiteren Ausführungen (a. a. O., S. 50/51) hervorgeht, sieht er die Tatsache, daß z. B. bei den Zwischenlohnverfahren „die durch höhere Leistungsfähigkeit erzielte Zeiteinsparung" den Arbeitenden „nicht zu 100 %, sondern nur in Höhe eines bestimmten" Anteils vergütet wird, als eine nicht leistungsgerechte Entlohnung an. Gutenberg versteht in diesem Zusammenhang unter leistungsgerechter Entlohnung

teren Prämienlöhne für die Praxis weniger wichtig seien. Demgegenüber soll hier versucht werden, nicht nur die gegenwärtige Gestalt und Bedeutung von Zeit- und Stücklohn zu umschreiben, sondern auch die Möglichkeiten zur Anwendung der Prämienlöhne herauszustellen. Wie noch gezeigt werden soll, sind *unter bestimmten Voraussetzungen die Ziele betrieblicher Lohnpolitik am besten mithilfe von Prämienlöhnen erreichbar.*

Aus der Problemstellung ergibt sich, daß in dieser Arbeit das Blickfeld bewußt auf die Bedeutung der Lohnformen für die leistungsgerechte Entlohnung der menschlichen Arbeitsleistung eingeschränkt ist. Auf eine Darstellung der Zusammenhänge zwischen Lohnform und Lohnkosten sowie auf die Behandlung der übrigen Probleme der Lohnformen soll verzichtet werden.

Grundlage der Arbeit ist das literarische Material, das über den betriebswirtschaftlichen Problemkreis Lohn vorliegt und aus dem heraus eine Beantwortung der gestellten Fragen versucht werden soll. Als Basis der Untersuchung diente die Theorie der Lohnstruktur von *Kosiol*[8]. Die Arbeit wurde Anfang 1957 abgeschlossen, so daß später erschienene Literatur nicht berücksichtigt ist.

---

offenbar nur eine solche, die proportional zur Leistungsmenge erfolgt (vgl. a. a. O., S. 51 oben und Fußnote 1, Satz 1, ebenda), jedenfalls keine unterproportionale. Dabei wird übersehen, daß außer der Leistungsmenge auch andere Faktoren für die Wahl der Lohnform maßgebend sein können. Vgl. hierzu Abschnitt A II dieser Schrift.

[8] Kosiol, Erich: Theorie der Lohnstruktur. Stuttgart 1928. Kosiol unterzieht die bis 1928 über die Frage der Lohnformen erschienenen Veröffentlichungen einer Kritik, untersucht die bekanntesten Lohnformen inbezug auf ihre ökonomischen Wirkungen und stellt dann ein System der Lohnformen aufgrund ihrer ökonomischen Struktur auf.

Seit 1928 ist — soweit der Verfasser sieht — kein Werk erschienen, das in ähnlicher Weise die Lohnformen systematisch darstellt. Weil außerdem die Untersuchung von Kosiol die Lohnformen mathematisch eindeutig bestimmt, wird hier insbesondere den Ausführungen über die Lohnformen (mit Ausnahme einiger später entwickelter sogenannter Gedinge) die Theorie der Lohnstruktur zugrundegelegt.

A. Das betriebswirtschaftliche Lohnproblem

I. Das Äquivalenzprinzip

Lohn ist das für die menschliche Arbeitsleistung gezahlte Entgelt. Es wird unter den verschiedensten Gesichtspunkten die Forderung erhoben, daß dieses Entgelt gerecht sein müsse. Eine allgemeingültige Antwort auf die Frage, wann ein Lohn gerecht sei, läßt sich jedoch nicht finden, weil die Vorstellung von der Gerechtigkeit zu sehr vom subjektiven Empfinden des einzelnen und den jeweiligen soziologischen Bedingungen eines Zeitalters abhängt[1].

Im Laufe der Zeit sind verschiedene volkswirtschaftliche Theorien der Lohnbildung und Ideen eines gerechten Lohnes entwickelt worden[2], mit denen sich diese Arbeit aber nicht zu befassen hat. Neben dem volkswirtschaftlichen Begriff des marktgerechten Lohnes unterscheidet man den bedarfsgerechten Lohn (Soziallohn, Familienlohn) und den betriebsgerechten Lohn[3]. Nach herrschender Meinung kann die restlose Verwirklichung des bedarfsgerechten Lohnes dem Betriebe als Einzelwirtschaft nicht zugemutet werden[4]. Das Problem der Lohngerechtigkeit läßt also für den Betrieb in erster Linie die Frage nach dem betriebsgerechten Lohn offen, nach dem Lohn, der vom Standpunkt des Betriebes aus die menschliche Arbeitsleistung gerecht entlohnt.

Um den betriebsgerechten Lohn zu finden, kann man von dem ökonomischen Werte ausgehen, den die Arbeitsleistung für den Betrieb hat. Die Arbeit hat deshalb einen wirtschaftlichen Wert, weil sie einen Beitrag zum Betriebsertrag liefert. Wenn die Arbeitsleistung nach Maßgabe ihres Beitrages zum Betriebsertrag abgegolten wird, dann ist offenbar ein betriebsgerechter Lohn gefunden.

Nun ist aber der Betriebsertrag, der Wert der erstellten betrieblichen Leistungen, eine sehr komplexe Größe, und es ist schwierig, einen Schlüssel für die Aufteilung des Ertrages auf die einzelnen Produktionsfaktoren zu finden. Der Umfang des Betriebsertrages hängt auch von

---

[1] Vgl. hierzu: Krause, Liselotte: Das Problem der Lohngerechtigkeit. Dissertation Bonn 1950, S. 3 und Peters, Waldemar: Betriebswirtschaftliche Probleme eines gerechten Lohnes. Dissertation Köln 1952, S. 1.

[2] Vgl. hierzu: Bülow, Friedrich: Volkswirtschaftslehre. Eine Einführung in das wirtschafts- und sozialwissenschaftliche Denken. Berlin und Frankfurt am Main 1957, S. 416 ff., insbesondere S. 430.

[3] Nach Schack, Herbert: Lohnpolitik. Vorlesung an der Freien Universität Berlin, Wintersemester 1955/56.

[4] Vgl. Schack, Herbert: Der richtige und gerechte Lohn. Schmollers Jahrbuch, 73. Jg., Berlin 1953, S. 463.

außerbetrieblichen Faktoren ab; denn der Wert der betrieblichen Leistungen wird vom Markte her beeinflußt. Bei einer Entlohnung der Arbeitsleistung nach ihrem Anteil am Betriebsertrag würde also der Lohn stets von der jeweiligen Ertragslage des Unternehmens abhängig sein.

Die Entlohnung nach dem Betriebsertrag wird besonders von Nicklisch[5] als die Lösung des Problems eines betriebsgerechten Lohnes angesehen. Der Lohn ist nach Nicklisch nur eine Vorauszahlung des Ertragsanteiles des Produktionsfaktors Arbeit. Mit Recht wird darauf hingewiesen, daß bei einer solchen Betrachtungsweise unter Umständen die vorausgezahlten Ertragsanteile höher als der erst später feststellbare effektive Ertragsanteil sein könnten. Die Arbeitnehmer müßten in einem solchen Falle offenbar Lohn zurückzahlen. Es würde also eine praktisch nicht vertretbare Unsicherheit in das System der Entlohnung kommen.

So wird in der Regel die Arbeitsleistung nicht nach ihrem Anteil am Ertrage, sondern nach einem anderen Maßstab gemessen. Alle Versuche, die Arbeitsleistung nach ihrem Ertrage oder dem Gewinn abzugelten, werden als Ertrags- oder Gewinnbeteiligungen bezeichnet. Hier handelt es sich nicht um Lohn. Der Lohnbegriff muß vom Begriff der Gewinnbeteiligung streng getrennt werden.

Im Betriebe stellt sich der Lohn auch nicht als Ertragselement, sondern als Kostenfaktor dar. Der Lohn wird unabhängig von der Ertragsgestaltung gezahlt. Als Maßstab für die Entlohnung dient die Arbeitsleistung, der Arbeitsaufwand, der seinen Ausdruck in Art und Menge der geleisteten Arbeit findet. Wenn von menschlicher Arbeitsleistung gesprochen wird, so ist diese Leistung gemeint. Es handelt sich hier um den von der Arbeitswissenschaft entwickelten Begriff der menschlichen Arbeitsleistung. Kosiol[6] spricht in diesem Zusammenhang von der „Rohleistung", die der Entlohnung zugrundegelegt wird.

Der gegebene Maßstab für die Lohnbemessung ist die Leistung. Und „es liegt bereits im Begriffe des Lohnes begründet, wenn man eine enge Anpassung des Lohnes an die gebotene Leistung, eine lückenlose Übereinstimmung von Wert und Gegenwert fordert ... Mit wachsender Leistung muß der Lohn in entsprechendem Maße steigen, mit abnehmender Leistung muß er ebenfalls fallen[7]." Dieses Prinzip der Übereinstimmung von Lohn und Leistung nennt Kosiol den *„Grundsatz der Äquivalenz von Lohn und Leistung" (Äquivalenzprinzip)*[7]. Leistungsänderungen und Lohnänderungen müssen sich gegenseitig entsprechen, damit die

---

[5] Nicklisch, Heinrich: Ertrag. Handwörterbuch der Betriebswirtschaft, herausgegeben von H. Nicklisch, 1. Band, 2. Aufl., Stuttgart 1938, Sp. 1605 bis 1611 und ders.: Ertragsverteilungsprozeß. Handwörterbuch der Betriebswirtschaft, a. a. O., Sp. 1611—1614. Ferner: Sandig, Curt: Arbeitslohn. Handwörterbuch der Betriebswirtschaft, a. a. O., Sp. 224—238.

[6] Kosiol, Erich: Theorie der Lohnstruktur. a. a. O., S. 92.

[7] Kosiol, Erich, a. a. O., S. 2.

Übereinstimmung von Lohn und Leistung gewahrt bleibt. Ist das Äquivalenzprinzip verwirklicht, so liegt ein leistungsgerechter Lohn, ein Leistungslohn vor. Der sogenannte betriebsgerechte Lohn erweist sich damit praktisch als der leistungsgerechte Lohn.

Mit der Entlohnung nach der Leistung im gekennzeichneten Sinne wird jedoch ein Funktionalzusammenhang zwischen der Leistung und ihrem Ertrage unterstellt. Es wird angenommen, daß jede Leistung einen entsprechenden wirtschaftlichen Erfolg haben werde. Andernfalls könnte eine gesteigerte Leistung nicht entsprechend höher entlohnt werden; denn die Mittel zur Lohnzahlung müssen ja — auf die Dauer gesehen — aus dem Betriebsertrag fließen.

Der Funktionalzusammenhang zwischen Leistung und Ertrag ist aber nicht immer gegeben. Trotz gesteigerter Leistungen können infolge marktwirtschaftlicher Veränderungen sogar Verluste eintreten. Die Entlohnung der Arbeit nach dem mehr technischen Leistungsmaßstab ist also ökonomisch nicht exakt. Dennoch bleibt keine andere Wahl als die Leistungsentlohnung, weil sonst „jeder Grund zu einer Leistungssteigerung und jede Möglichkeit einer leistungsgerechten Entlohnung entfallen"[8] würde.

Für die Realisierung des leistungsgerechten Lohnes sind vom betriebswirtschaftlichen Standpunkt aus „keinerlei soziale Gesichtspunkte der Gerechtigkeit maßgebend"[9]. Die ethischen Betrachtungen werden in keiner Weise herabgewürdigt, wenn sie aus Gründen der begrifflichen Klarheit von den eigentlich betriebswirtschaftlichen Überlegungen getrennt werden. Die Äquivalenz von Lohn und Leistung ist betriebswirtschaftlich deshalb erforderlich, weil mit einer „Inkongruenz von Lohn und Leistung die psychologischen und auch physiologischen Grundlagen für eine brauchbare Arbeitsleistung im Betriebe" fortfallen, und „damit auf die Dauer die Möglichkeit eines wirtschaftlichen Erfolges der Unternehmung" fehlen würde[9].

Das Äquivalenzprinzip bezweckt aber nicht nur die Anpassung des Lohnes an die Leistung, die in der Vergangenheit erbracht wurde, um auf diese Weise die alte Leistungsfähigkeit zu erhalten. Die Entlohnung nach Maßgabe der gebotenen Leistung verfolgt noch ein anderes Ziel, nämlich die Beeinflussung der zukünftigen Leistung. „Der tiefere ökonomische Sinn des Äquivalenzprinzips ist . . . der: Die Form der Entlöhnung soll gestaltend rückwirken auf den Inhalt und das Ausmaß der Leistung[9]."

So kommt das Äquivalenzprinzip einmal dem Bedürfnis der Arbeitenden entgegen, indem die *Arbeit leistungsgerecht entlohnt* wird; andererseits werden aber auch die Belange des Betriebes berücksichtigt, weil

---

[8] Schack, Herbert: Der richtige und gerechte Lohn. a. a. O., S. 454.
[9] Kosiol, Erich: Theorie der Lohnstruktur. a. a. O., S. 2.

durch den Leistungslohn die Möglichkeit zur *Beeinflussung der Arbeits-*
leistung im Hinblick auf bestimmte betriebliche Leistungsziele gegeben ist.

II. Ziele der Leistungsentlohnung

Wenn der Lohn nach Maßgabe der Leistung festgelegt werden soll,
so muß die Art der Entlohnung der jeweiligen Leistungsart angepaßt
werden. Es gibt bekanntlich eine Vielzahl ganz verschiedener Arbeiten,
so daß nicht jede Lohnform bei jeder beliebigen Arbeit angewandt
werden kann. Erst dann, wenn die für eine bestimmte Arbeitsleistung
passende Lohnform gefunden ist, läßt sich auf dem Wege über den Lohn
ein Einfluß auf die Leistung ausüben.

Die einzelnen Lohnformen müssen zunächst daraufhin untersucht
werden, für welche typischen Arbeitsarten sie anwendbar sind.

Daß vom betriebswirtschaftlichen Standpunkt aus ein großes Interesse daran besteht, mithilfe des Leistungslohnes die menschliche
Arbeitsleistung zu beeinflussen, ist unzweifelhaft. Die Leistungen der
schaffenden Menschen sind erfahrungsgemäß qualitativ und quantitativ
veränderlich. Für den Betrieb ist es aber wichtig, daß *Güte und Menge*
der erzeugten Produkte das jeweils betriebswirtschaftlich erwünschte
Maß erreichen. Dieses betriebliche Leistungsziel soll auf dem Wege über
den Leistungslohn angestrebt werden.

Grundsätzlich kann davon ausgegangen werden, daß der Betrieb eine
Steigerung der Arbeitsleistung erstrebt. Eine Leistungssteigerung tritt
aber in ganz verschiedener Weise in Erscheinung. Sie kann sich in einer
Steigerung der Leistungsmenge oder in einer Erhöhung der Qualität
der erstellten Leistungen äußern. Die Mengensteigerung läßt sich als
Steigerung der Menge pro Zeiteinheit („quantitative Steigerung") oder
als Verkürzung der pro Mengeneinheit normalerweise notwendigen Zeit
(„zeitliche Steigerung") darstellen[10].

Zwischen Menge und Güte der Arbeitsleistung besteht erfahrungsgemäß häufig ein gewisser Zusammenhang, der sich darin zeigt, daß
von einem bestimmten Punkte an mit steigender Leistungsmenge pro
Zeiteinheit die Qualität der Leistung abnimmt. Das Ausmaß, in dem
eine Qualitätsänderung von einer Mengenänderung abhängt, ist natur-
gemäß bei den einzelnen Arbeitsarten verschieden. Bei der Anwendung
eines Leistungslohnes zum Zwecke der Arbeitssteigerung muß sich die
Betriebsleitung jedoch über diese Zusammenhänge im klaren sein, weil
eine größere Mengensteigerung oft eine mehr oder weniger starke Güte-
minderung zur Folge hat.

Neben den Zielen der Beeinflussung von Menge und Qualität der Arbeitsleistung ist noch ein weiteres Ziel der Leistungsentlohnung zu

---

[10] Kosiol, Erich, a. a. O., S. 3.

nennen. Die Arbeitsleistung soll im Betriebe dauernd möglich sein. Um das zu gewährleisten, darf der Leistungslohn nicht zu ständigen Überanstrengungen führen. Bei aller Arbeitssteigerung muß deshalb der Grundsatz der *„Permanenz der Leistung"* beachtet werden[11]. Eine Gefahr für die Permanenz der Leistung ergibt sich insbesondere bei hohen Quantitätsleistungen.

Es wird später zu untersuchen sein, in welcher Weise sich die verschiedenen Erscheinungsformen des Leistungslohnes auf Qualität, Menge und Permanenz der Arbeitsleistung auswirken.

Wenn die Steigerung der Arbeitsleistung als das allgemeine Ziel des Leistungslohnes hingestellt wird, so ist damit noch nichts über den *jeweils angestrebten Umfang* dieser Steigerung ausgesagt. Das Ausmaß, in dem Quantität und Qualität im konkreten Falle gesteigert werden sollen, kann verschieden groß sein. Der Grad der beabsichtigten Arbeitssteigerung hängt von dem *jeweiligen betrieblichen Leistungsziel,* von der betrieblich erforderlichen Leistungsmenge und Leistungsgüte, ab.

Bei der Beeinflussung der Mengenleistung kann aber z. B. der gegebene Zusammenhang zwischen Menge und Güte der Leistung weniger wichtig sein. Die Arbeitsqualität ist vielleicht aufgrund des Arbeitsprozesses und der maschinellen Ausrüstung überhaupt wenig beeinflußbar. Es gibt eine Reihe betriebswirtschaftlicher Gründe, die zu einer ganz verschiedenen Mengenbeeinflussung führen. Das Ausmaß der erstrebten Leistungsmengenänderung wird häufig durch den Beschäftigungsgrad bestimmt; in der freien Verkehrswirtschaft ist das vorgegebene Leistungsziel in der Regel an der Betriebskapazität unter Berücksichtigung des erzielbaren Absatzes ausgerichtet.

Es sollen einige typische Fälle der Mengenbeeinflussung herausgestellt werden, um so zu zeigen, daß die Leistungsentlohnung im praktischen Falle einen verschieden starken Anreiz zur Mengensteigerung ausüben will.

In Zeiten der Konjunktur etwa, in denen die Produktion gesteigert werden kann und soll, wird es das Ziel der Betriebsleitung sein, die Mengenleistung der einzelnen Arbeitskräfte zu steigern. Sie wird den Lohnanreiz so ausprägen, daß mit den vorhandenen Arbeitskräften und der gegebenen Betriebsausstattung die gewünschte Produktionserhöhung erzielt wird. Die Stärke des gebotenen Lohnanreizes hängt von der erforderlichen Anpassung der Arbeitsintensität an die Beschäftigungslage ab.

Aber auch bei normaler oder gar Unterbeschäftigung kann das Ziel der Leistungsentlohnung die Steigerung der Leistungsmenge der einzelnen Beschäftigten sein. Das ist dann der Fall, wenn ein Mangel an Arbeitskräften besteht und die Beschäftigtenzahl nicht ausreicht, oder

---

[11] Kosiol, Erich, a. a. O., S. 3.

wenn sich der Betrieb an einen Beschäftigungsrückgang durch Ent-
lassung von Arbeitskräften angepaßt hat. Die noch vorhandene Zahl
der Werktätigen kann so gering sein, daß eine verhältnismäßig hohe
Mengenleistung jedes einzelnen erforderlich ist, um das gesteckte Leistungsziel zu erreichen. In einem solchen Falle der begrenzten Absatz-
möglichkeit ist jedoch die Mengensteigerung häufig nicht so sehr erwünscht wie in einer Konjunktursituation.

Bei einer nur vorübergehend sinkenden Beschäftigung kann es zweckmäßig sein, die Beschäftigtenzahl beizubehalten. Die Anpassung an die
neue Lage erfolgt durch eine Verkürzung der Arbeitszeit. Hier hat eine
gewisse Leistungsmengensteigerung durchaus Raum. Die hohe Betriebs-
intensität soll einen kostensteigernden Leerlauf vermeiden. Dennoch
wird in diesem Falle der Unterbeschäftigung die angestrebte Mengensteigerung in der Regel eine verhältnismäßig geringe sein.

Häufig führt das Vorhandensein von Engpässen in der Fertigung
dazu, an dieser Stelle besonders hohe Lohnanreize zu gewähren, um den
Produktionsfluß in Gang zu halten. Weil eine maximale Leistungssteigerung aber auf die Dauer die Leistungspermanenz gefährdet, sollte
die Leistungsentlohnung auf solche überstarken Lohnanreize verzichten.

Außer einer Steigerung der Leistungsmenge über das bisherige Maß
hinaus ist auch das Ziel einer Minderung der bisherigen Leistungsmenge
denkbar. Auf einen Absatzrückgang kann der Betrieb zum Beispiel
durch eine Streckung der Arbeit reagieren. Die Arbeitsintensität soll
geringer werden. Größere Mengensteigerungen der Arbeitenden sind
unerwünscht. Hier ist ein Leistungslohn mit stärkerem Anreiz zur
quantitativen Arbeitssteigerung fehl am Platze[12].

Wenn die Leistungsentlohnung auf dem Wege über die Lohnform
eine Steigerung der Leistungsmenge anstrebt, so ist damit das Leistungsziel zwar ungefähr, aber nicht genau bestimmt. Es besteht die
Gefahr, daß eine unerwünscht hohe Produktmenge erbracht wird. Daher
sind Lohnformen entwickelt worden, die aufgrund ihrer Struktur zur
Erreichung einer genau festgelegten Mengenleistung beitragen. Dieses
Leistungsziel ist das betrieblich optimale, das nicht wesentlich über-
oder unterschritten werden soll. Deshalb spricht Peter hier von dem
Ziel der „optimalen Leistungskonzentration".[13]

Die angeführten Beispiele sollten verdeutlichen, daß der Leistungslohn eine *von Fall zu Fall verschieden starke Tendenz zur Arbeitssteige-*
rung in sich tragen muß, wenn das betriebliche Leistungsziel erreicht
werden soll. Es mag hier bereits darauf hingewiesen werden, daß gerade
in der Anpassung des Lohnes an das jeweilige betrieblich erforderliche

---

[12] Vgl. hierzu das auf S. 72 angeführte Beispiel aus dem Braunkohlenbergbau.
[13] Peter, Hans: Sind Prämienlöhne Leistungslöhne? Dissertation Frankfurt am Main 1949, S. 111.

Maß der Mengensteigerung die große Bedeutung der Prämienlöhne zu suchen ist.

Bei der späteren Darstellung der Lohnformen soll gezeigt werden, wie die verschiedenen Ziele der Leistungsbeeinflussung mithilfe der einzelnen Lohnformen angestrebt werden können.

III. Mittel der Leistungsentlohnung

Es ergibt sich nun die Frage, mit welchen Mitteln eine leistungsgerechte Entlohnung und damit eine Steigerung der Arbeitsleistung erreicht werden kann.

1. Absolute und relative Lohnhöhe

Auf die absolute Höhe des Lohnes hat der einzelne Betrieb kaum einen Einfluß. Das allgemeine Niveau, auf das sich in einer Volkswirtschaft die Löhne einspielen, wird von außerbetrieblichen Faktoren bestimmt. Eine nähere Untersuchung der Gründe für das Zustandekommen der absoluten Lohnhöhe würde zu den volkswirtschaftlichen Problemen des Arbeitsmarktes und der Einkommensverteilung führen. Heute hängt die Lohnhöhe ganz besonders von der jeweiligen Machtstellung der Verbände der Sozialpartner ab. Der Tarifvertrag schreibt dem einzelnen Betriebe in der Regel das Lohnniveau vor. Trotz dieser generellen Regelung der Lohnhöhe hat aber der Betrieb im Rahmen der tarifvertraglichen Abmachungen einen gewissen Spielraum für die betriebsindividuelle Lohngestaltung.

Die Frage nach der absoluten Lohnhöhe, das „materielle Lohnproblem", ist also nicht das eigentlich betriebswirtschaftliche Problem[14]. Die betriebswirtschaftliche Aufgabe besteht vielmehr darin, das „formelle Lohnproblem", die Frage nach der Lohnbemessung, zu lösen[14]. Es geht betriebsökonomisch darum, das Verhältnis der Einzellöhne zueinander, die relative Lohnhöhe, zu bestimmen. Jeder einzelne Lohn soll nach Maßgabe der Leistung festgelegt werden.

Hierzu stehen grundsätzlich zwei Mittel zur Verfügung: erstens die *Lohndifferenzierung*[15], zweitens die *Lohnform.*

2. Lohndifferenzierung

a) Begriff und Wesen der Lohndifferenzierung

Wenn mithilfe der Entlohnung eine Steigerung der Arbeitsleistung herbeigeführt werden soll, dann muß das Arbeitsentgelt zunächst die

---

14 Kosiol, Erich: Theorie der Lohnstruktur. a. a. O., S. 1.
15 Die Begriffe „Lohndifferenzierung" und „Lohnproportionierung" beziehen sich hier stets auf die Differenzierung und Proportionierung der *Lohnsätze.* Im weiteren Sinne liegt eine Lohndifferenzierung allerdings auch dann vor, wenn bei ein und demselben Lohnsatz unterschiedliche Leistungsgrade auf dem Wege über die Lohnform zu verschieden hohen Arbeitsentgelten führen.

verschiedenen Schwierigkeitsgrade der einzelnen Arbeitsarten berücksichtigen. Ist diese Bedingung nämlich erfüllt, so werden die Arbeitenden
das Empfinden haben, daß insofern eine leistungsgerechte Entlohnung
vorliegt, und darin liegt wiederum die erste Voraussetzung für eine
Leistungssteigerung.

*Die Berücksichtigung der unterschiedlichen Schwierigkeitsgrade der
Arbeitsverrichtungen erfolgt lohnpolitisch dadurch, daß für die verschiedenen Arbeitsarten grundsätzlich verschiedene Lohnsätze festgelegt
werden*[16]. Unter einem Lohnsatz versteht man den Ausdruck des Wertes
für die Maßeinheit der Arbeitsleistung. Der Lohnsatz gibt also z. B. an,
wieviel Geld für eine Arbeitsstunde (Zeitlohnsatz) oder für eine erstellte Mengeneinheit (Stücklohnsatz) gezahlt wird[17].

Der Lohnsatz, der die absolute Lohnhöhe zu erkennen gibt, wird im
allgemeinen außerbetrieblich bestimmt. Von größter betriebswirtschaftlicher Bedeutung ist aber das Verhältnis, in dem die einzelnen Lohnsätze
in einem Betriebe zueinander stehen. Das Arbeitsentgelt soll den unterschiedlichen Schwierigkeitsgraden durch eine *Differenzierung der Lohnsätze* Rechnung tragen. „Jedes Arbeitsentgelt muß in einem angemesse-
nen und vernünftig erscheinenden Verhältnis zu den für gleichartige
oder höher- oder geringerwertige Leistungen gezahlten Entgelten
stehen."[18] Es hat sich nämlich „in zahlreichen Untersuchungen herausgestellt, daß den Arbeitnehmer im allgemeinen die Frage, wie sich sein
Verdienst zu denen der übrigen im gleichen Betrieb verhält, mindestens
genau so stark berührt, wie die Frage nach der absoluten Höhe seines
Lohnes. Der Lohn bedeutet für den Arbeitnehmer nicht nur Kaufkraft,
sondern auch etwas anderes für ihn sehr wesentliches: den Ausdruck
der Wertschätzung, die er im Betrieb genießt und in der er den Grad-
messer für seine soziale Stellung sieht".[19]

Die Festlegung der Lohnsätze nach Maßgabe der Arbeitsschwierigkeit
setzt voraus, daß der jeweilige Schwierigkeitsgrad der Arbeit bereits
ermittelt ist. Die Bestimmung der Arbeitsschwierigkeit erfolgt durch
die sogenannte Arbeitsbewertung. Auf diese Grundlage der Lohndifferenzierung wird später eingegangen.

Das Prinzip der Lohndifferenzierung besagt an sich nur, daß für
verschieden schwierige Arbeiten verschieden hohe Lohnsätze gewährt

---

[16] Es können auch mehrere verschieden schwierige Arbeiten zu einer Lohngruppe mit einheitlichem Lohnsatz zusammengefaßt werden.
[17] Der Lohnsatz bei Stücklohn wird häufig ebenfalls als gewollter Stundenverdienst ausgedrückt. Der Geldbetrag pro Mengeneinheit ergibt sich dann
durch Division des gewollten Stundenverdienstes durch die Anzahl der pro
Stunde normalerweise herstellbaren Mengeneinheiten.
[18] Gutenberg, Erich: Grundlagen der Betriebswirtschaftslehre. 1. Bd.: Die
Produktion. 2. Aufl., Berlin-Göttingen-Heidelberg 1955, S. 33.
[19] Rex, Gerhard: Die Ertragsbeteiligung als betriebspolitisches Instrument
und die Gewinnbeteiligung in betriebswirtschaftlicher Sicht. Dissertation
Freie Universität Berlin 1956, S. 28.

werden sollen, um so möglichst *günstige Bedingungen für die Entfaltung der menschlichen Arbeitsleistung* im Betriebe zu schaffen. Die Differenzierung der Lohnsätze nach der Arbeitsschwierigkeit kann aber in ganz verschiedener Weise durchgeführt werden. Die Unterschiede zwischen den einzelnen Lohnsätzen können nämlich jeweils größer oder kleiner gewählt werden. Ob die Lohnspannen von den Arbeitnehmern als leistungsgerecht empfunden werden oder nicht, hängt nicht nur von der grundsätzlichen Berücksichtigung der Arbeitsschwierigkeit ab, sondern auch von dem Grad der Lohndifferenzierung. Es taucht hier also das Problem der Staffelung der Löhne, der Proportionierung der Lohnsätze auf.

Gutenberg bezeichnet die Staffelung der Arbeitsentgelte als „ein wesentliches Instrument zur Schaffung von Leistungsanreizen".[20] Durch die Wahl der Abstände zwischen den Lohnsätzen soll ein Lohnanreiz geboten werden. Es muß sich für die Arbeitenden lohnen zu versuchen, in eine höhere Lohn- oder Gehaltsstufe zu gelangen[21].

Man wird in der Regel davon ausgehen können, daß verhältnismäßig kleine Abstände der Lohnstufen nur einen geringen Lohnanreiz bieten, und daß bei einer stärkeren Entgeltstaffelung auch ein größerer Anreiz zur Leistungssteigerung vorliegt. Immer aber muß die Lohnproportionierung dem Grundsatz der Äquivalenz von Lohn und Leistung entsprechen. Die Staffelung der Entgelte soll ja vom Arbeitenden als leistungsgerecht empfunden werden. Nur so ist die Voraussetzung für eine Arbeitssteigerung gegeben.

Auf die Frage, in welcher Weise im Einzelfalle die Abstände zwischen den Entgeltstufen festgelegt werden sollen, läßt sich eine allgemein gültige Antwort nicht geben. Die Lohnproportionierung muß den individuellen Gegebenheiten des Betriebes angepaßt werden. Einige Möglichkeiten der Entgeltstaffelung werden später noch besprochen[22].

In letzter Zeit hat man den Fragen der Lohndifferenzierung eine wachsende Beachtung geschenkt. Die Lohndifferenzierung auf der Grundlage der Arbeitsbewertung ist ein wichtiges Mittel zur Realisierung des Leistungslohnes geworden. *Unabhängig von der jeweiligen Lohnform* wird zunächst das Entgelt nach dem Schwierigkeitsgrade der zu verrichtenden Arbeitsleistung festgelegt. Die Anforderungen, die die Arbeit als solche stellt, werden im Lohnsatz berücksichtigt. Damit ist der Rahmen abgesteckt, in dessen Grenzen sich das effektive Entgelt bewegen wird.

Der Lohnsatz soll die Leistung auf längere Sicht hin äquivalent entlohnen. Wie mithilfe der *Leistungsbewertung* oder durch die Anwen-

---

[20] Gutenberg, Erich: Grundlagen der Betriebswirtschaftslehre. a. a. O., S. 35.
[21] Gutenberg, Erich, a. a. O., S. 33.
[22] Siehe den nächsten Abschnitt.

dung bestimmter *Lohnformen* auch die *kurzfristigen* Leistungsschwankungen eines Arbeitenden und die individuellen Leistungsunterschiede bei gleich schwierigen Arbeiten berücksichtigt werden können, wird später zu zeigen sein[23].

b) Möglichkeiten der Lohndifferenzierung

Es soll verausgesetzt werden, daß in einem Betriebe eine analytische Arbeitsbewertung vorgenommen worden ist. Die analytische Arbeitsbewertung, die allgemein als das zur Zeit beste Verfahren der Arbeitsbewertung anerkannt ist, drückt den Schwierigkeitsgrad einer Arbeit in Punkten aus[24]. Den Punktzahlen, die den einzelnen Arbeitsplätzen zugewiesen worden sind, muß nun ein Lohnsatz zugeordnet werden. Hier beginnt die Aufgabe der Lohndifferenzierung.

Man kann heute davon ausgehen, daß die Betriebe durch tarifvertragliche Abmachungen an einen bestimmten Mindestgrundlohn gebunden sind. Der Mindestgrundlohn ist der Lohnsatz, der für eine Arbeit mit dem Punktwert Null gezahlt würde. Da es eine solche Arbeit wohl kaum gibt, entspricht der Mindestgrundlohn meist nicht dem niedrigsten Lohnsatz im Betriebe. Der tatsächlich gezahlte niedrigste Lohnsatz wird vielmehr über dem Mindestgrundlohn liegen. Dem Mindestgrundlohn kommt daher lediglich eine rechnerische Bedeutung zu; auf ihm bauen alle anderen Lohnsätze auf. Die Frage nach der absoluten Höhe des Mindestgrundlohnes gehört zum materiellen Lohnproblem. In der Regel soll der Mindestgrundlohn die materielle Existenz der Arbeitenden sichern.

Vom Mindestgrundlohn müssen die Mindestlöhne unterschieden werden, die meist in einer festen Beziehung zum Mindestgrundlohn stehen. Diese Mindestlöhne sind die Lohnsätze für Arbeitsarten, deren Punktzahl größer als Null ist. Gewöhnlich finden die Mindestlöhne ihren Ausdruck in einem Stundenverdienst (DM pro Stunde). Der Arbeitende soll mindestens diesen Lohnsatz für eine Stunde geleisteter Arbeit erhalten. Wird aber nicht der Zeitlohn, sondern etwa die Lohnform des Stücklohnes angewandt, so muß der Mindeststundenverdienst in einen Geldbetrag pro Minute umgewandelt werden, da bei Stücklohn meist ein Minutenfaktor Verwendung findet.

Die Mindestlöhne, die bei Anwendung eines Stücklohnes gewährt werden, liegen heute im Durchschnitt 15 oder 20 % über den Lohnsätzen für eine hinsichtlich der Arbeitsschwierigkeit etwa gleiche Arbeitsart, die in Zeitlohn entlohnt wird. Man geht bei dieser Regelung davon aus, daß die Arbeitsintensität bei Stücklohnarbeit im allgemeinen größer als bei Zeitlohnarbeit sei und deshalb höher entlohnt werden müsse.

---

[23] Siehe Abschnitt B II und Abschnitt C.
[24] Vgl. die späteren Ausführungen über die analytische Arbeitsbewertung.

Aus dem festen Lohnsatz bei Zeitlohn (L_Z = Stundenfaktor) ergibt sich demnach der feste Lohnsatz bei Stücklohn (L_{St} = Minutenfaktor) je nach dem tariflich vereinbarten Akkordzuschlag a in folgender Weise:

$$(1) \qquad L_{St} = \frac{L_Z \cdot a}{60} \quad ,$$

wobei a in der Regel 1,15 oder 1,20 ist.

Wenn sich die Tarifpartner über die Zugrundelegung eines bestimmten Arbeitsbewertungsplanes geeinigt haben, wenn ferner der Mindestgrundlohn und die Gesamtlohnsumme in etwa festliegen, so kommt es darauf an, eine leistungsgerechte und leistungsfördernde Aufteilung der zur Verfügung stehenden Lohnsumme auf die einzelnen Arbeitsplätze vorzunehmen.

Dabei ist zu beachten, daß bei einer gegebenen Lohnsumme der Grad der Lohndifferenzierung von der Höhe des Mindestgrundlohnes abhängt. Je höher man nämlich bei konstanter Gesamtlohnsumme den Mindestgrundlohn wählt, um so weniger Geld steht für die Lohndifferenzierung zur Verfügung. Für die Spanne zwischen dem Mindestgrundlohn und dem höchsten Lohn ist also maßgebend, welchen Grad der Lohndifferenzierung man erstrebt. Man muß sich entweder für einen relativ hohen Mindestgrundlohn bei schwacher Lohndifferenzierung oder für einen relativ niedrigen Mindestgrundlohn bei starker Lohndifferenzierung entscheiden.

Ist der Mindestgrundlohn einmal festgesetzt, so kann die darauf aufbauende Lohndifferenzierung grundsätzlich auch dann erhalten bleiben, wenn eine Änderung des Mindestgrundlohnes erforderlich wird. Das kann zum Beispiel der Fall sein bei sich ändernden Lebenshaltungskosten, weil der Mindestgrundlohn ja mit dem Lebenshaltungsindex in Zusammenhang steht. Es handelt sich hier um ein materielles Lohnproblem. Bei einer Änderung des Mindestgrundlohnes werden alle anderen Lohnsätze in gleichem Maße verändert, so daß ihre Relationen gleich bleiben.

Es erhebt sich nun die Frage, wie die anderen Lohnsätze auf den Mindestgrundlohn aufgebaut werden sollen. Im Prinzip muß sich mit wachsender Arbeitsschwierigkeit ein wachsender Lohnsatz ergeben.

Die Festlegung der einzelnen Lohnsätze geschieht unter den gegebenen Voraussetzungen grundsätzlich in der Weise, daß man die Arbeitswertpunkte mit einem bestimmten Geldfaktor multipliziert und das Produkt dem Mindestgrundlohn hinzuzählt. Bezeichnet man den Lohnsatz mit l, den Mindestgrundlohn mit g, die Arbeitswertpunkte mit x und den Geldfaktor mit m, so ergibt sich die Gleichung[25]:

$$(2) \qquad l = m \cdot x + g$$

---

[25] Vgl. Wibbe, Josef: Entwicklung, Verfahren und Probleme der Arbeitsbewertung. Grundlagen und Praxis des Arbeits- und Zeitstudiums, Band 6,

Graphisch bestimmt g den Ausgangspunkt der Funktion, m gibt die Steigung an. Für den Arbeitswert Null ist $l = g$, d. h. der Lohnsatz entspricht dem Mindestgrundlohn. Wählt man m als konstanten Faktor (Parameter), so ergibt sich eine lineare Funktion (vgl. Abb. 1, Funktion I und II)[26].

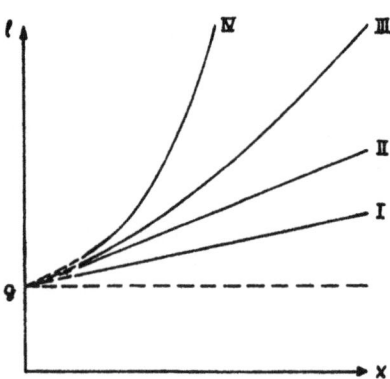

Die Lohnsätze können aber auch mit steigender Punktzahl x überlinear ansteigen. In diesem Falle liegt eine gekrümmte Kurve vor (vgl. Abb. 1, Funktion III und IV)[27].

Man kann die steigende Arbeitsschwierigkeit dadurch berücksichtigen, daß man die Lohnsätze stets um den gleichen Betrag wachsen läßt, also eine arithmetische Lohnsatzreihe wählt. Je nach der Höhe der Lohndifferenzen ergibt sich dann eine mehr oder minder geneigte Gerade (vgl. Abb. 1, Funktion I und II). Die Differenz zwischen zwei benachbarten Lohnsätzen errechnet sich nach der Formel:

$$
\text{(3)} \qquad d = \frac{L_{max} - L_{min}}{n - 1}
$$

d = Differenz
L_{max} = höchster Lohnsatz
L_{min} = niedrigster Lohnsatz
n = Zahl der Lohnsätze

Mit einer arithmetischen Lohndifferenzierung ergibt sich sicherlich ein gewisser Anreiz zur Leistungssteigerung. Es ist jedoch fraglich, ob die arithmetische Lohnstaffelung der mit steigender Punktzahl wachsenden Arbeitsschwierigkeit gerecht wird.

---

herausgegeben von Erwin Bramesfeld, Hans Euler und Kurt Pentzlin, München 1953, S. 107.

[26] Gleichung (2) gilt nur für I und II in Abb. 1. Die beiden Geraden I und II unterscheiden sich durch die Größe des Parameters m.

[27] Für diese Kurven gilt die Gleichung $l = g \cdot q^x$. Die beiden Kurven III und IV unterscheiden sich durch die Größe des Parameters q.

Viele Lohnregelungen gehen davon aus, daß die Unterschiede im Schwierigkeitsgrad am oberen Ende der Lohnskala höher als am unteren Ende entlohnt werden sollen. Dieses Ziel kann durch eine geometrische Staffelung der Lohnsätze erreicht werden. Man multipliziert den jeweils niedrigeren Lohnsatz mit einem Quotienten q und erhält so den nächsthöheren Lohnsatz. Nach der Endgliedformel für geometrische Reihen ist der Quotient

$$(4) \qquad q = \sqrt[n-1]{\frac{L_{max}}{L_{min}}}$$

Die geometrische Staffelung der Lohnsätze zeigt sich graphisch in einer Kurve, die je nach der Höhe der Lohndifferenzen eine mehr oder weiniger steile Exponentialkurve ist (vgl. Abb. 1, Funktion III und IV)[28].

Eine geometrische Zuordnung der Lohnsätze zu den Arbeitswerten entspricht in der Regel eher dem Grundsatz der Äquivalenz von Lohn und Leistung als eine arithmetische Lohndifferenzierung; denn mit steigendem Schwierigkeitsgrad wird meist eine progressiv wachsende Anstrengung zur Ausübung der Tätigkeit erforderlich.

Auch in der Literatur wird die geometrische Staffelung der Lohnsätze in den meisten Fällen der arithmetischen vorgezogen. So gibt beispielsweise Peters[29] etwa folgende Begründung: Bei einem relativ niedrigen Lohnsatz ist sicherlich nur ein verhältnismäßig geringer Lohnanreiz erforderlich, um den Arbeitenden zu veranlassen, durch größere Entfaltung der Leistungsfähigkeit in die nächsthöhere Lohnstufe zu gelangen. Je höher aber der ursprüngliche Lohnsatz ist, um so höher muß offenbar der Lohnanreiz sein, um die Leistungsbereitschaft des Schaffenden noch mehr anzuspornen[29].

Für einen Arbeitenden, der einen (Zeit-)Lohnsatz von 1,— DM erhält, bedeutet z. B. eine Lohnerhöhung von 0,05 DM für die nächsthöher bewertete Arbeit relativ mehr als für einen Arbeitenden, der einen (Zeit-) Lohnsatz von 2,— DM erhält. Peters zieht hieraus den Schluß, daß die Lohnsätze nicht proportional, sondern progressiv gestaffelt werden müssen, wenn die Lohndifferenzierung zu einer Leistungssteigerung führen soll[29].

Walther[30] befürwortet ebenfalls die geometrische Staffelung der Löhne. Er führt als Grund das sogenannte „Webersche Gesetz" (nach E. H. Weber) an, wonach „die Reize geometrisch wachsen müssen, um

---

[28] Die Kurven stellen die unstetige Veränderung der Lohnsätze in stetiger Form dar.

[29] Peters, Waldemar: Betriebswirtschaftliche Probleme eines gerechten Lohnes. Dissertation Köln 1952, S. 54.

[30] Walther, Hans: Die Arbeitsbewertung im Industriebetrieb. Dissertation Köln 1950, S. 145 f.

in der menschlichen Empfindung in ihren Unterschieden als gleich anerkannt zu werden[30]".

Außer der arithmetischen und geometrischen Zuordnung der Lohnsätze zu den Arbeitswerten bestehen noch viele andere Möglichkeiten der Lohndifferenzierung. Der Zusammenhang zwischen Lohnsatz und Arbeitswert läßt sich grundsätzlich durch jede Kurve festlegen, die mit steigender Punktzahl ebenfalls steigt. Es sind beispielsweise auch unregelmäßige Kurven denkbar.

Bisher wurden mathematische Verfahren der Lohnsatzbestimmung behandelt. Sie haben den Vorzug, daß sie einen klaren Aufbau der Lohnsätze auf der Basis der Ergebnisse der Arbeitsbewertung erkennen lassen. Neben der Lohnsatzbestimmung nach mathematischen Grundsätzen unterscheidet Wibbe noch den „empirischen Lohnaufbau"[31].

Bei der empirischen Bestimmung der Lohnsätze wird kein besonderes mathematisches Verhältnis zwischen den einzelnen Lohnsätzen festgelegt. Ausgangspunkt sind vielmehr die Lohnsätze, die zur Zeit für die einzelnen Arbeitsarten auf dem Arbeitsmarkt gezahlt werden. Häufig werden die Durchschnittswerte der in den verschiedenen Betrieben für eine Arbeitsart geltenden Lohnsätze gebildet. Die entsprechenden eigenen Lohnsätze werden dann diesen Durchschnittslohnsätzen angepaßt.

Dabei ist es manchmal erforderlich, den bisher für eine Arbeit gezahlten Lohnsatz zu ändern. Praktische Schwierigkeiten ergeben sich hier dann, wenn ein Lohnsatz gesenkt werden soll. Ein Ausweg besteht darin, die eigentlich herabzusetzenden Löhne beizubehalten und die anderen Löhne entsprechend zu erhöhen.

Empirische Methoden der Lohnsatzbestimmung finden sich häufig bei der Arbeitsbewertung nach Richtbeispielen[32] oder bei der sogenannten summarischen Arbeitsbewertung[32]. Sicherlich kann eine Lohndifferenzierung, die sich nach den geltenden Lohnsätzen richtet, ein brauchbares betriebliches Lohngefüge schaffen. Der klare Aufbau der Lohnsätze, der sich bei einer mathematischen Lohnsatzbestimmung ergibt, hat jedoch gegenüber dem empirischen Lohnaufbau den Vorteil eines einwandfrei leistungsabhängigen Lohnaufbaues, der von Zufälligkeiten kaum beeinflußt ist. Bei der Arbeitsbewertung nach Punkten ist die Lohndifferenzierung mithilfe mathematischer Methoden sehr leicht durchführbar.

Eine Lohndifferenzierung auf der Grundlage der analytischen Arbeitsbewertung braucht nicht in der Weise vorgenommen zu werden, daß jedem Wertpunkt ein besonderer Lohnsatz zugeordnet wird. Man kann auch mehrere Punktwerte zu einer Lohngruppe zusammenfassen und für die einzelnen Lohngruppen bestimmte Lohnsätze festlegen.

---

[31] Wibbe, Josef: Probleme der Arbeitsbewertung und Lohngestaltung. Dissertation Köln 1950, S. 110 ff.
[32] Siehe S. 33.

Bei einem Lohnaufbau unter Anwendung von Lohngruppen kann die gleiche Anzahl von Punkten zu einer Gruppe zusammengefaßt werden, so daß die Punkte arithmetisch gestaffelt sind, die Punktwerte können aber auch geometrisch gestaffelt sein. In diesem Falle steigt die Punktzahl von Gruppe zu Gruppe überlinear an. Im allgemeinen entspricht einer arithmetischen Staffelung der Punkte auch eine arithmetische Staffelung der Lohnsätze und einer geometrischen Punktstaffelung eine geometrische Lohnsatzreihe. Es sind aber auch Kombinationen zwischen arithmetischer Punktfolge und geometrischer Lohnsatzreihe und umgekehrt möglich[33]. Über die jeweils anzuwendende Methode der Staffelung entscheidet das erstrebte Maß an Lohndifferenzierung.

Wenn relativ wenig Lohngruppen vorhanden sind, kann zwar der Unterschiedsbetrag zwischen den einzelnen Lohngruppen verhältnismäßig groß sein, wegen der wenigen Lohnsätze liegt aber dennoch eine schwache Lohndifferenzierung vor. Für die Stärke einer Lohndifferenzierung ist nämlich nicht nur der Unterschiedsbetrag zwischen den Lohnsätzen maßgebend, sondern auch die Anzahl der Lohnsätze.

In der Frage der Lohndifferenzierung berührt das formelle das materielle Lohnproblem, weil bei der Lohndifferenzierung auch über die absolute Lohnhöhe jedes einzelnen Arbeitsplatzes entschieden wird. Dennoch muß das Problem der Lohndifferenzierung hier als ein betriebswirtschaftliches angesehen werden, denn es wird versucht, die Lohnsätze auf der Grundlage einer Arbeitsbewertung nach dem innerbetrieblichen Gesichtspunkt der Leistungsschwierigkeit festzulegen, um so zu einer Leistungssteigerung zu kommen. Es soll noch einmal betont werden, daß es leistungspolitisch weniger auf den absoluten Betrag ankommt, der den verschiedenen Arbeitsplätzen als Lohnsatz zugewiesen wird, als vielmehr auf die Unterschiede zwischen den Lohnsätzen.

3. Lohnform

Die Festlegung der Lohnsätze nach Maßgabe der Arbeitsschwierigkeit ist das erste Mittel zur Verwirklichung einer leistungsgerechten Entlohnung und zur Erzielung einer Leistungssteigerung. Der Grundsatz einer leistungsgerechten und leistungsfördernden Lohndifferenzierung gilt unabhängig von der jeweiligen Lohnform für alle praktischen Lohnregelungen.

Im Lohnsatz werden aber im allgemeinen zunächst nur die Anforderungen berücksichtigt, die eine Arbeit als solche an den Arbeitenden stellt. Die *individuellen Leistungen* der einzelnen Betriebsangehörigen sind jedoch bei gleicher Arbeitsschwierigkeit häufig verschieden. Das Äquivalenzprinzip verlangt deshalb, daß die unterschiedlichen Leistun-

---

[33] Vgl. Wibbe, Josef: Entwicklung, Verfahren und Probleme der Arbeitsbewertung. a. a. O., S. 115.

gen von verschiedenen Werktätigen bei gleicher Arbeitsschwierigkeit entsprechend unterschiedlich entlohnt werden. Außerdem ändert sich häufig die Arbeitsleistung eines einzelnen Betriebsmitgliedes innerhalb einer bestimmten Zeit in qualitativer und quantitativer Hinsicht. Diese persönlichen Leistungsunterschiede bei gleich schwierigen Arbeiten können mithilfe bestimmter *Lohnformen* berücksichtigt werden.

Wenn das Entgelt nicht nur der allgemeinen Arbeitsschwierigkeit, sondern auch den individuellen Leistungsschwankungen Rechnung tragen soll, so muß die unterschiedliche persönliche Leistung zunächst einmal erfaßt werden. Die Meßbarkeit der Leistungsänderung in irgendeiner Form ist also die Voraussetzung für die Anwendung von Lohnformen, die solche Leistungsschwankungen berücksichtigen. Im allgemeinen dient die Leistungsmenge als Maßstab für die veränderliche Leistung. Die Lohnform des Stücklohnes und die Prämienlöhne sollen diese persönlichen Leistungsänderungen äquivalent entlohnen.

Wenn der individuelle Leistungsgrad mengenmäßig nicht exakt erfaßbar ist (z. B. bei Forschungs- oder Reparaturarbeiten), können die persönlichen Leistungsschwankungen nicht mithilfe einer besonderen Lohnform berücksichtigt werden. In solchen Fällen besteht die Möglichkeit, *der individuellen Leistung zusätzlich im Lohnsatz Rechnung zu tragen,* indem auf dem Wege über eine *Leistungsbewertung* der nach Maßgabe der Arbeitsschwierigkeit festgelegte Lohnsatz entsprechend verändert wird. Es muß hier ein Zeitlohn angewandt werden, *dessen Lohnsatz sowohl hinsichtlich der allgemeinen Arbeitsschwierigkeit als auch inbezug auf den persönlichen Arbeitseinsatz der effektiven Leistung entspricht.* Dabei ist allerdings zu beachten, daß die Ergebnisse der Arbeitsbewertung nicht „verwässert" werden; der persönliche Leistungsanteil des Lohnsatzes soll von dem Schwierigkeitsanteil jederzeit trennbar sein.

Die Anwendung einer den individuellen Leistungsschwankungen Rechnung tragenden Lohnform ist natürlich in den Fällen überflüssig, in denen solche quantitativen oder qualitativen Leistungsschwankungen praktisch kaum vorkommen können, weil etwa die maschinelle Ausstattung des Arbeitsplatzes (Zwangssteuerung der Arbeit) Leistungsunterschiede unmöglich macht.

Bei der Fixierung der Lohnsätze nach der Arbeitsschwierigkeit wird eine „Normalleistung"[34] der Arbeitenden unterstellt. Die Abweichungen von dieser Normalleistung sind es, die durch bestimmte Lohnformen im Entgelt eine entsprechende Berücksichtigung finden sollen. Wie die Normalleistung ermittelt wird, soll eine spätere Erörterung klären[35]. Wichtig ist hier die Tatsache, daß die Lohnformen ebenso wie die Maß-

---

[34] Vgl. S. 51.
[35] Siehe Abschnitt B III 2.

nahmen der Lohndifferenzierung bestimmter Grundlagen bedürfen, ohne die der Einsatz dieser lohnpolitischen Mittel nicht zu einer leistungsäquivalenten Entlohnung und zu einer Leistungssteigerung führen kann. Eine Lohndifferenzierung ist nur sinnvoll, wenn die Lohnsätze anhand einer möglichst exakten Arbeitsbewertung festgelegt werden; die Anwendung von Lohnformen, die eine von der Normalleistung abweichende Leistung berücksichtigen sollen, kann nur dann erfolgreich sein, wenn zuvor die Normalleistung möglichst einwandfrei ermittelt wurde.

Ein *wesentlicher Unterschied* zwischen dem *leistungspolitischen Mittel der Lohndifferenzierung* und dem der *Lohnform* ist folgender: der Lohnsatz soll die Arbeitsleistung auf *längere Sicht* hin entlohnen, während die Lohnformen[36] die *kurzfristigen* Leistungsschwankungen inbetracht ziehen.

Dieser *Gesichtspunkt der Fristigkeit* ist sicherlich nicht ohne Bedeutung für die *Wirksamkeit des Lohnanreizes* und damit für das *Ausmaß der Arbeitsleistung*. Ohne Zweifel hängt die Einsatzbereitschaft der Schaffenden weitgehend von der praktisch vorliegenden Lohndifferenzierung ab. Ein als leistungsgerecht empfundenes betriebliches Lohngefüge, das außerdem noch Aufstiegschancen bietet, wirkt sich leistungs*fördernd* aus. Es darf aber nicht übersehen werden, daß die Möglichkeit, in eine höhere Lohnstufe zu gelangen, nicht immer gegeben ist. Außerdem wird ein einmal gewährter Lohnsatz wegen seines in der Regel *langfristigen* Charakters leicht zur Gewohnheit und bietet dann keinen Leistungsanreiz mehr. Anders ist es mit dem Lohnanreiz, der von bestimmten Lohnformen ausgeht. Hier besteht die Möglichkeit, *kurzfristig ein Mehr an Lohn zu erzielen*. Der Lohnanreiz ist *ständig* wirksam. Deshalb üben diese Lohnformen offenbar einen *stärkeren Einfluß auf die Arbeitsleistung* aus, als es die Proportionierung der Lohnsätze vermag[37]. Der grundsätzliche Einfluß der Lohndifferenzierung auf die Arbeitsleistung wird dabei nicht übersehen.

Den Grundsatz, einen ständigen Lohnanreiz zur Leistungssteigerung zu bieten, wollen wir das *Prinzip der Kurzfristigkeit des Lohnanreizes* nennen.

---

[36] Wenn beim Zeitlohn unterstellt wird, daß keine kurzfristigen Leistungsschwankungen vorliegen, daß die Arbeitsleistung konstant sei, dann ist auch hier die Äquivalenz von Lohn und Leistung kurzfristig gewährleistet.

[37] Eine andere Auffassung vertritt Gutenberg: „... ob die Staffelung der Löhne und Gehälter hinreichend Leistungsanreize enthält, hängt nicht von der Lohn- und Gehaltsform, sondern von den Proportionen ab, die zwischen den Entgeltsstufen bestehen." (Gutenberg, Erich: Grundlagen der Betriebswirtschaftslehre. a. a. O., S. 42.) Gutenberg weist den Lohnformen, die einen Leistungsanreiz bieten, lediglich die Rolle „zusätzlicher leistungsfördernder Faktoren im System der Entgeltsfestsetzung nach der Arbeitsschwierigkeit" zu (a. a. O., S. 42). Nach unserer oben vertretenen Auffassung ist aber die leistungssteigernde Wirkung bestimmter Lohnformen stärker als die der Lohndifferenzierung.

Das Problem des Lohnanreizes verweist auf jenen Zusammenhang, der zwischen der Arbeitsleistung und ihrem Entgelt bei der Anwendung lohnpolitischer Mittel zum Zwecke der Leistungsbeeinflussung unterstellt wird: es ist dies die Annahme, daß der arbeitende Mensch in seiner Leistung nachlassen wird, wenn seine Arbeitsanstrengung und sein Arbeitserfolg nicht gebührend geldlich anerkannt werden, und daß er seine Leistung steigern wird, wenn man ihm dafür ein geldliches Äquivalent bietet.

Die Erfahrung lehrt, daß in der Tat diese Wirksamkeit des Lohnanreizes in irgendeiner Stärke fast immer gegeben ist. Es soll jedoch darauf hingewiesen werden, daß der Leistungswille nicht nur von vorwiegend geldlichen Interessen geleitet wird, sondern daß auch häufig ein mehr ideelles Streben die Leistung beeinflußt[38]. Neben den lohnpolitischen können außerdem noch andere Mittel zur Steigerung der menschlichen Arbeitsleistung beitragen (zweckmäßige Gestaltung des Arbeitsplatzes usw.), auf die hier aber nicht näher eingegangen werden kann[39].

An dieser Stelle sollte lediglich gezeigt werden, daß eine Leistungssteigerung nicht allein mithilfe der Lohndifferenzierung erreicht werden kann. Um *persönliche Leistungsunterschiede* bei gegebener Arbeitsschwierigkeit zu berücksichtigen, ist das Mittel der *Lohnform* erforderlich. Unter welchen Bedingungen und in welcher Weise die Lohnformen der Leistungsentlohnung dienen, wird später ausführlich behandelt[40]. *Beide* Mittel aber, die *Lohndifferenzierung* und die *Lohnform,* dienen zur *Verwirklichung des Äquivalenzprinzips. Sie ergänzen einander.* Das Ziel einer leistungsgerechten Entlohnung kann nur erreicht werden, wenn das Entgelt sowohl der allgemeinen Arbeitsschwierigkeit als auch dem persönlichen Arbeitserfolg angepaßt ist.

---

[38] Vgl. hierzu Beste, Theodor: Der Leistungslohn. Arbeitsgemeinschaft für Forschung des Landes Nordrhein-Westfalen, Heft 16, Köln und Opladen 1952, S. 32. Vgl. ferner: Hain, W.: Wirkungen des Lohnes auf Produktivitätssteigerungen. Zentralblatt für Arbeitswissenschaft und soziale Betriebspraxis, 8. Jahrgang, Lüneburg 1954, S. 38.

[39] Eine ausgezeichnete Übersicht über die möglichen Bestimmungsgründe der industriellen Arbeitsergiebigkeit hat seinerzeit der Unterausschuß für die Methodologie von Untersuchungen über den Einfluß von Arbeitszeit und Arbeitslohn auf die Arbeitsleistung zusammengestellt. Vgl. Anlage 1 in: Ausschuß zur Untersuchung der Erzeugungs- und Absatzbedingungen der deutschen Wirtschaft (Enquete-Ausschuß). Verhandlungen und Berichte des Unterausschusses für Arbeitsleistung (IV. Unterausschuß), (im folgenden unter Angabe des Einzelbandes zitiert mit Enquete-Ausschuß), Band 1: Arbeitszeit, Arbeitslohn und Arbeitsleistung. Berlin 1927, S. 306 ff.

[40] Siehe Abschnitt C.

B. Grundlagen der Entlohnung

I. Arbeitsbewertung

1. Die Bedeutung der Arbeitsbewertung für die Leistungsentlohnung

Die Arbeitsbewertung ist die *Grundlage jeder Lohndifferenzierung* oder sollte es wenigstens sein. Sie ermittelt den Schwierigkeitsgrad einer Arbeit und schafft damit die Voraussetzung für die Einstufung der verschiedenen Arbeiten in eine Rangreihe nach Maßgabe der Arbeitsanforderungen. Somit bildet die Arbeitsbewertung das Fundament eines jeden Lohnsystems und ist für *alle Lohnformen* grundsätzlich gleichermaßen wichtig.

Trotz dieser grundsätzlich gleichen Bedeutung für alle Lohnformen soll hier besonders auf den Einfluß hingewiesen werden, den die Arbeitsbewertung bei der Anwendung eines *Zeitlohnes* auf die Leistung ausübt.

An manchen Stellen der Literatur wird der Begriff des Leistungslohnes auf den Stücklohn und die Prämienlöhne eingeengt[1]. Diese Begriffsbildung geht davon aus, daß sich der Zeitlohn seiner Struktur[2] nach den kurzfristigen Leistungsschwankungen nicht anpaßt. Dabei wird übersehen, daß der Zeitlohn eben nur in den Fällen angewendet werden soll, in denen solche Schwankungen kaum oder überhaupt nicht vorkommen; wo bei Zeitlohn die persönliche Leistung schwankt, diese Änderung zahlenmäßig aber nicht einwandfrei meßbar ist, kann auf anderem Wege eine Berücksichtigung der individuellen Leistung erfolgen (Lohnsatzänderung aufgrund einer Leistungsbewertung)[3]. Es ist deshalb nicht einzusehen, warum der Zeitlohn nicht ebenfalls ein Leistungslohn sein kann. Wenn die Zeitlohnform auch individuelle Leistungsschwankungen nicht unmittelbar erfaßt, so kann doch der Zeitlohnsatz der allgemeinen Arbeitsschwierigkeit Rechnung tragen, indem

---

[1] So beispielsweise bei Rummel, Kurt: Leistungslohn und Lohnarten. Archiv für das Eisenhüttenwesen, 14. Jahrgang, Heft 5, Düsseldorf 1940, S. 248 und S. 247. Hundertmark unterscheidet die Leistungslöhne im engeren Sinne (Stücklohn, Prämienlöhne) vom Leistungslohn im weiteren Sinne (Zeitlohn). (Hundertmark, Gerhard: Der gerechte Lohn als betriebswirtschaftliches Problem. Dissertation, Köln 1953, S. 126).

[2] Der Begriff „Lohnstruktur" wird hier im Anschluß an Kosiol (Kosiol, Erich: Theorie der Lohnstruktur. a. a. O., S. 90) immer nur für die Art der Lohnbemessung innerhalb einer Lohnform verwandt. Neuerdings dehnt man den Begriff der Lohnstruktur auch auf das Verhältnis der Lohnsätze zueinander aus. Vgl. z. B.: Nievergelt, Jakob: Arbeitsbewertung. Arbeitsplatz- und Persönlichkeitsbewertung als Entlöhnungsgrundlagen. Nussbaumen bei Baden 1952, S. 194 ff.

[3] Vgl. Abschnitt B II.

er aufgrund einer Arbeitsbewertung festgelegt wird. Damit ist dann bereits die *eine* wichtige Komponente der Arbeitsleistung im Entgelt berücksichtigt.

Gerade die modernen Methoden der Arbeitsbewertung sind geeignet zu zeigen, wie sehr ein Lohn — auch wenn er die Form eines Zeitlohnes besitzt — der Leistung im Hinblick auf ihre *allgemeine Schwierigkeit* angepaßt werden kann. Auch bei Zeitlohn ist aufgrund einer erfolgten Arbeitsbewertung häufig ein Leistungslohn gegeben, der sehr wohl zur Leistungsentfaltung anregt. Das *Bewußtsein einer leistungsgerechten Lohnabstufung* stärkt den Leistungswillen. Wenn die Maßnahmen der Arbeitsbewertung dann noch durch eine *Anreiz bietende Lohnproportionierung* ergänzt werden, kann die Arbeitsleistung eines Zeitlöhners durchaus angespornt werden.

In den Zeiten, in denen die heute bekannten Verfahren der Arbeitsbewertung noch nicht entwickelt waren, wurden vielfach die Lohnsätze für die verschiedenen Arbeiten nach recht groben Schätzungsverfahren festgelegt. Es ist leicht einzusehen, daß sich bei einer solchen mangelnden Berücksichtigung der Arbeitsschwierigkeit die Leistung eines Zeitlöhners im allgemeinen auf ein Niveau einspielt, das den gewährten Lohnsatz gerade noch als gerechtfertigt erscheinen läßt. Je mehr nun der Zeitlohn*satz* auf der *Grundlage einer Arbeitsbewertung* der Leistung angepaßt wird, je günstiger ferner die *Proportionen zwischen den Lohnsätzen* gewählt werden, um so mehr bietet *auch* die Entlohnung im *Zeitlohn* einen *Anreiz zur Leistungsentfaltung.*

Obwohl also die Arbeitsbewertung für alle Lohnformen von grundlegender Wichtigkeit ist, gewinnt sie doch eine *zusätzliche Bedeutung* im Zusammenhang mit dem *Zeitlohn,* weil dieser seiner Struktur nach keinen unmittelbaren Einfluß in Richtung auf eine Arbeitssteigerung ausübt. Die *Arbeitsbewertung* ist neben der noch zu behandelnden *Leistungsbewertung* vielfach das einzige Mittel, das bei Zeitlohn eine Anpassung des Lohnes an die Leistung herbeiführt.

2. Verfahren der Arbeitsbewertung

Um einen *Einblick* in die praktische Lohngestaltung zu gewinnen und um den Einfluß beurteilen zu können, den eine Arbeitsbewertung auf die menschliche Arbeitsleistung ausüben kann, ist es erforderlich, auf die Verfahren einzugehen, die zur Ermittlung des Arbeitswertes führen. Es soll von vornherein gesagt werden, daß all diese Methoden *mehr oder weniger große Unvollkommenheiten* aufweisen. Eine wirklich exakte Lösung des Problems der Arbeitsbewertung ist noch *nicht* gefunden worden, und es ist fraglich, ob der Arbeitswert überhaupt einwandfrei feststellbar ist. Es kann aber kein Zweifel darüber bestehen, daß die Arbeitsbewertung ihrem heutigen Stande nach tatsächlich geeignet ist,

eine weitgehend *zufriedenstellende* Arbeitswertermittlung zu gewährleisten und damit eine wichtige Bedingung für die *Entfaltung der
menschlichen Arbeitsleistung* zu schaffen.

a) Summarische Arbeitsbewertung

Der Arbeitswert „ist das Maß für die Gesamtheit der Anforderungen,
die die Ausführung einer bestimmten Arbeit an einem Arbeitsplatz an
den Ausführenden bei Normalleistung stellt[4]".

Im Laufe der Zeit sind verschiedene Verfahren zur Ermittlung des
Arbeitswertes entwickelt worden. Früher war die Berufsausbildung das
allein ausschlaggebende Merkmal für die Arbeitsbewertung. Die Einteilung in Gelernte, Angelernte und Ungelernte kann aber bei einer
weitgehend arbeitsteiligen Massenfabrikation den Anforderungen, die
an eine Arbeitsbewertung gestellt werden, nicht mehr entsprechen. Es
genügt auch nicht, statt dieser drei Gruppen nun vier oder fünf zu
bilden. Es ist vielmehr notwendig, daß außer der Berufsausbildung auch
die übrigen Arbeitsbeanspruchungen beachtet werden[5].

Eine schon verbesserte Methode zur Feststellung des Arbeitswertes
ist die summarische Arbeitsbewertung. Sie schätzt die Beanspruchung
durch die Arbeit im ganzen. Die im Betriebe vorkommenden Arbeiten
werden durch paarweise Gegenüberstellung und gegenseitigen Vergleich in eine Rangreihe eingeordnet. Eine systematische Analyse der
Beanspruchung durch die einzelnen Arbeitsanforderungen fehlt. Die
Bewertung der Arbeit ohne genaue Merkmalsanalyse ist aber sehr
schwierig. Nach herrschender Meinung[6] können nicht alle Anforderungen durch eine grobe summarische Beurteilung erfaßt werden.

Auch die Arbeitsbewertung nach Richtbeispielen (zum Beispiel Lohngruppenkatalog Eisen und Metall[7]) ist ein summarisches Bewertungsverfahren. Man stellt ein System von Bewertungsbeispielen für normale
Betriebs- und Arbeitsverhältnisse auf. Dieses System soll alle Arbeitsarten umfassen und in ein bestimmtes Verhältnis zueinander bringen.
Nach dem so geschaffenen Katalog werden die in einem Betriebe auftretenden Tätigkeiten bestimmten Lohngruppen zugewiesen. Die Mängel
dieser Arbeitsbewertung bestehen darin, daß eine genaue Beschreibung

---

[4] Euler, H. und Stevens, H.: Unterlagen und Anleitungen für die analyti-
sche Arbeitsbewertung (als Hilfsmittel für die Leistungsentlohnung).
Sonderdruck aus Werkstatt und Betrieb, 81. Jahrgang 1948, Heft 3 und 4,
München, o. J., S. 3.

[5] Keller, Peter: Leistungs- und Arbeitsbewertung. Köln 1950, S. 18.

[6] „Diese Meinung ist allerdings nicht unbestritten. Es wird gegen sie ein-
gewendet, die Beanspruchung des Arbeiters sei komplexen Inhaltes und daher ihre Aufspaltung nicht zulässig." (Beste, Theodor, a. a. O., S. 38.)

[7] Lohngruppenkatalog Eisen und Metall. Gemeinschaftsarbeit der Deutschen Arbeitsfront, Fachamt Eisen und Metall, und der Reichsgruppe Industrie, Fachgemeinschaft Eisen- und Metallindustrie, Berlin 1942.

und Eingliederung sämtlicher Arbeiten sehr schwierig ist und betriebliche Besonderheiten nicht berücksichtigt werden.

b) Analytische Arbeitsbewertung

Von den Verfahren zur Ermittlung des Arbeitswertes wird die analytische Arbeitsbewertung heute allgemein als die beste Methode anerkannt. Man geht davon aus, daß die Erfahrung allein nicht immer
ausreicht, um eine Arbeit im ganzen zu bewerten[8]. Es muß deshalb versucht werden, mithilfe einer *Arbeitsanalyse* die *Anforderungen im einzelnen* zu ermitteln. Zu diesem Zwecke müssen zunächst die Faktoren
bestimmt werden, die die Schwierigkeit einer Arbeit überhaupt beeinflussen. Das sind die Anforderungsmerkmale. Dann wird für jede einzelne Arbeit untersucht, in welcher Höhe die Beanspruchung durch jede
Anforderungsart erfolgt. Auch die Dauer der Beanspruchung muß berücksichtigt werden. Das Maß für die Beanspruchung wird gefunden,
indem man einen Vergleich mit einer im voraus festgelegten Beanspruchungsskala durchführt und das Ergebnis in Punktzahlen ausdrückt.

Die analytische Arbeitsbewertung beurteilt lediglich die Arbeit an
einem bestimmten Arbeitsplatz. Die Person des Arbeitenden bleibt hier
unberücksichtigt.

aa) Auswahl der Anforderungsmerkmale

Bei der Durchführung einer analytischen Arbeitsbewertung müssen
zunächst die Anforderungsmerkmale festgelegt werden. Die einzelnen
Bewertungspläne weisen nach Art und Zahl verschiedene Bewertungsmerkmale auf. In Deutschland beschränkt man sich im allgemeinen auf
die fünf Hauptmerkmale und ihre Untermerkmale, die aus der beigefügten Bewertungstafel[9] entnommen werden können: 1. erforderliche Fachkenntnisse, 2. Geschicklichkeit, 3. Anstrengung (körperlich und geistig),
4. Verantwortung und 5. Umgebungseinflüsse[10].

Das von einer internationalen Tagung über Arbeitsbewertung in Genf
im Mai 1950 entworfene sogenannte Genfer Schema sieht für jeden
Bewertungsplan die folgenden Hauptgruppen von Anforderungsmerkmalen vor[11]:

	Fachkönnen	Belastung
1. Geistige Anforderungen	✕	✕
2. Körperliche Anforderungen	✕	✕
3. Verantwortung	—	✕
4. Arbeitsbedingungen	—	✕

---

[8] Euler, H. und Stevens, H.: Unterlagen und Anleitungen für die analytische Arbeitsbewertung. a. a. O., S. 3.

[9] Die Bewertungstafel ist entnommen aus: Euler, Hans und Stevens,
Hans: Unterlagen und Anleitungen für die analytische Arbeitsbewertung.
a. a. O., S. 6.

[10] Vgl. die Bewertungstafel.

Bewertung der Arbeit
Erforderliche Anforderungsarten und deren Abstimmung zueinander

Wertzahl	I Erforderl. Fachkenntnisse	II Geschicklichkeit	III Anstrengung a	III b	IV Verantwortung a	IV b	IV c	V Umgebungseinflüsse a	V b	V c	V d	V Sonst.
	Berufsausbildung, Berufserfahrung	Handfertigkeit	Körperliche Beanspruchung, Anforderung an Muskeln und Sinne	Geistige Beanspruchung, Denkfertigkeit u. Aufmerksamkeit	für das Werkstück und für das Betriebsmittel	für die Arbeitsgüte	für die Gesundheit anderer	Temperatur-Beeinflussg.	Öl-, Fett-, Schmutz-, Staub- und Wasser-Belästigung	Gase und sonstige auf Schleimhäute und Geruchsorgane einwirkende Einflüsse u. ä.	Unfallgefährdung	Sonst. ungeb. Umgeb.-Einflüsse durch Lärm, Blendung, Erkältungsgefahr, Erschütterung u. ä.
0	kurze Anweisung	ohne Ansprüche an Geschicklichkeit	geringe Beanspruchg.	geringe Beanspruchg.	gering	gering	gering	gering	gering	gering	gering	gering
1	Anweisung bis 3 Monate	geringe Geschicklichkeit	zeitweise mittlere Beanspruchung	zeitweise mittlere Beanspruchung	mittel	mittel	mittel	mittel	mittel	mittel	mittel	mittel
2	Anlernen bis 6 Monate	mittlere Geschicklichkeit	dauernd mittlere od. zeitweise hohe Beanspruchung	dauernd mittlere od. zeitweise hohe Beanspruchung	hoch	hoch	hoch	hoch	hoch	hoch	hoch	hoch
3	Anlernen mindestens 6 Monate u. zusätzliche Berufserfahrung od. abgeschloss. Anlernausbildung ohne zusätzliche Berufserfahrung	hohe Geschicklichkeit	dauernd hohe oder zeitweise sehr hohe Beanspruchung	dauernd hohe oder zeitweise sehr hohe Beanspruchung	sehr hoch	sehr hoch	sehr hoch			höchste Wertzahlsumme 5)		
4	abgeschloss. Anlernausbildung u. zusätzliche Berufserfahrung	höchste Geschicklichkeit	dauernd sehr hohe Beanspruchung	dauernd sehr hohe Beanspruchung	—	ganz außergewöhnlich	—					
5	abgeschloss. Facharb.-Ausbildung od. abgeschloss. Anlernausbild. mit besond. Berufserfahrung		dauernd ganz außergewöhnliche Beanspruchung	dauernd ganz außergewöhnliche Beanspruchung	höchste Wertzahlsumme 5)							
6	abgeschloss. Facharb.-Ausbildg. mit besond. Berufserfahrung od. abgeschl. Anlernausbildung m. höchstem fachlichen Können		höchste Wertzahlsumme 6)									
7	abgeschloss. Facharb.-Ausbildung u. höchstes fachliches Können											

5) Vorstehende Höchstsätze der Wertzahlsummen sind festgelegt worden, um einen unverhältnismäßigen Einfluß einer Anforderungsart auf die Gesamtbewertung zu vermeiden. — Für außergewöhnliche betriebliche Verhältnisse, die sorgfältig zu prüfen sind, kann der Betrieb es zulassen, daß bei den Anforderungsarten III oder IV oder V die Wertzahlbegrenzung bei 7 liegt.

Bewertungstafel

Dem Schema liegen die Oberbegriffe Fachkönnen und Belastung zugrunde. Unter Fachkönnen ist all das zu verstehen, was der Arbeitende an geistigen und körperlichen Fähigkeiten mitbringen muß, um seine Arbeit ausführen zu können. Die Belastung richtet sich nach Intensität und Dauer der Beanspruchung[11]. Das Genfer Schema stellt sicherlich eine brauchbare Systematisierung der Anforderungsmerkmale dar. Es enthält aber keine Gesichtspunkte, die nicht schon von Euler und Stevens herausgestellt worden wären. Euler und Stevens haben sowohl die ein-

---

[11] Vgl. Wibbe, Josef: Entwicklung, Verfahren und Probleme der Arbeitsbewertung. a. a. O., S. 11/12.

zelnen Anforderungsarten als auch den Gesichtspunkt der Belastungsdauer und -intensität bereits hervorgehoben[12].

Jeder Bewertungsplan ist natürlich auch hinsichtlich der Anforderungsmerkmale den Besonderheiten der Leistungen des betreffenden Betriebes anzupassen. Grundsätzlich müssen die Bewertungsmerkmale alle vorkommenden Anforderungen erfassen können. Die Wahrscheinlichkeit einer vollständigen Erfassung aller Beanspruchungen steigt mit zunehmender Zahl der Merkmale. Es liegt deshalb die Tendenz vor, möglichst viele Merkmale aufzustellen. Damit ergibt sich aber die Gefahr von Überschneidungen und Doppelbewertungen. Man fordert deshalb eine Beschränkung auf wenige typische Merkmale, die alle wesentlichen Ähnlichkeiten oder Abweichungen der Arbeitsanforderungen ausdrücken können, die vernünftigerweise auch ihren Niederschlag in differenzierten Löhnen finden müssen[13]. Die angeführte Auswahl der fünf Hauptmerkmale nach Euler und Stevens wird in der Regel als *ausreichend* empfunden[14].

Das erste Anforderungsmerkmal soll die Fachkenntnisse berücksichtigen, die für die Ausübung einer Arbeit erforderlich sind. Berufsausbildung und Berufserfahrung bilden dafür die Untermerkmale[15].

Die Bewertung der Geschicklichkeit ist dann notwendig, „wenn eine Arbeit Arbeitsgriffe erfordert, die sich richtig, genau oder rasch den ständig wechselnden oder plötzlich auftretenden Arbeitsanforderungen anpassen müssen[16]." Bei Arbeiten, die nur geringe Fachkenntnisse voraussetzen, kann eine große Geschicklichkeit erforderlich sein. Deshalb müssen Geschicklichkeit und Fachkenntnisse gesondert bewertet werden.

Das Merkmal der körperlichen Beanspruchung umfaßt die Anforderungen an Muskeln und Sinne. Die Muskelbeanspruchung kann in der Überwindung äußerer Widerstände bestehen (z. B. Heben von Lasten), sie kann sich aber auch beispielsweise durch eine Zwangshaltung während der Arbeit ergeben. Als Anforderungen an die Sinne gelten dauernde besonders starke Beanspruchungen einzelner Sinnesorgane. Die körperliche Anstrengung ist für viele werktätige Arbeitnehmer das entscheidende Bewertungsmerkmal.

Man teilt die geistige Beanspruchung meist in erforderliche Denkfertigkeit (geistige Wendigkeit und praktische Intelligenz) und notwendige Aufmerksamkeit ein. Die geistige Beanspruchung durch eine

---

[12] Vgl. die beigefügte Bewertungstafel; vgl. ferner S. 40 f.

[13] Pentzlin, Kurt: Grundfragen der Arbeitsbewertung. Refa-Nachrichten, Zeitschrift für Arbeitsstudien, 2. Jahrgang, Darmstadt 1949, Nr. 1, S. 4.

[14] Vgl. Keller, Peter: Leistungs- und Arbeitsbewertung. Köln 1950, S. 73.

[15] Siehe die Bewertungstafel.

[16] Euler, H. und Stevens, H.: Unterlagen und Anleitungen für die analytische Arbeitsbewertung. a. a. O., S. 4.

Arbeit muß von der erforderlichen Berufsausbildung und -erfahrung geschieden werden. Es handelt sich hier um verschiedene Arbeitsanforderungen.

Unter Verantwortung versteht man in diesem Zusammenhang die vom Arbeitenden geforderte Gewissenhaftigkeit und Zuverlässigkeit, die erforderlich ist, um etwaige Schäden zu verhindern, die dem Einfluß des betreffenden Betriebsangehörigen unterliegen. Eine Verantwortung in diesem Sinne kann für das Werkstück und die Betriebsmittel, für die Arbeitsgüte und für die Gesundheit anderer bestehen. Die Berücksichtigung der Verantwortung ist besonders für die gerechte Beurteilung der Tätigkeit von Werkmeistern und leitenden Angestellten wichtig.

Bei der Arbeitsbewertung werden ferner die äußeren Einflüsse inbetracht gezogen, die erschwerend auf die Leistung einwirken (vgl. die Berücksichtigung der Umgebungseinflüsse in der Bewertungstafel)[17]. Ungünstige Umweltbedingungen werden vielfach auch durch besondere Zulagen zum Lohn berücksichtigt[18].

Die analytische Arbeitsbewertung ist ursprünglich für die Bewertung der Tätigkeiten der „Arbeiter" entwickelt worden. Dann wurde sie auch für die Bewertung der Arbeit von „Angestellten" angewandt[19]. Dabei mußten weitere Anforderungsmerkmale herausgestellt werden, weil ganz andere Arbeitsarten zu beurteilen waren; die Verfahrensgrundsätze für die Bewertung der Handarbeit wurden aber unverändert beibehalten[20].

Bei der Bewertung von Angestelltentätigkeiten sind folgende Anforderungsarten zusätzlich zu berücksichtigen: 1. Umgangs- und Ausdrucksgewandtheit (Geschick im Umgang mit Menschen, Ausdrucksfähigkeit und Sprachgewandtheit, sicheres und gewandtes Auftreten sowie Repräsentation), 2. Dispositionsvermögen. Das Merkmal des Dispositionsvermögens ist komplexer Natur, denn es berücksichtigt erforderliche Fachkenntnisse, Nachdenken und Verantwortung. Es ist aber als selbständige Anforderungsart anzusehen, weil die Teilanforderungen für sich noch nicht das Disponieren ausmachen[21].

---

[17] S. 34.

[18] Vgl. die Beispiele in: Enquete-Ausschuß, Band 2, a. a. O., S. 106 oben und Band 3, a. a. O., S. 40 oben.

[19] Vgl. Baldus, Theodor: Leistungsgehälter nach analytischer Arbeitsbewertung. Zeitschrift für Betriebswirtschaft, 22. Jahrgang, Wiesbaden 1952, S. 80.

[20] Vgl. Euler, Hans, Hans Stevens, Fritz Schilling, Rudolf Schoppe und Erwin Bramesfeld: Analyse und Bewertung von Angestelltentätigkeiten. Sozialwirtschaftliche Schriftenreihe, Heft 5, herausgegeben vom Ausschuß für Sozialwirtschaft der Wirtschaftsvereinigung Eisen- und Stahlindustrie, Düsseldorf 1953, S. 12.

[21] Vgl. Euler, Hans u. a., a. a. O., S. 13 ff.

bb) Ermittlung des Schwierigkeitsgrades

Nach der Bestimmung der Anforderungsmerkmale muß die normale Beanspruchung durch die einzelnen Merkmale am Arbeitsplatz beurteilt werden. Dabei ist das Bestreben darauf gerichtet, möglichst brauchbare Meßverfahren anzuwenden. Die meisten Anforderungen sind aber nicht oder noch nicht meßbar. Es muß deshalb *geschätzt* werden.

Die Fachkenntnisse, die eine Arbeit erfordert, werden gewöhnlich nach der Länge der Zeit beurteilt, die für den Erwerb der Kenntnisse benötigt wird. Keller[22] hält den Maßstab der Ausbildungszeit für ungeeignet, weil die Dauer der Ausbildung außer vom Umfang der zu erwerbenden Fachkenntnisse auch von der erforderlichen Geschicklichkeit abhängt. Es besteht dann die Gefahr der Doppelbewertung des Merkmals Geschicklichkeit. Man kann versuchen, die Abstufung nach der Ausbildungszeit durch eine Einstufung nach Größe, Umfang und Bedeutung der erforderlichen Kenntnisse zu ersetzen[23].

Eine Bewertung der Geschicklichkeit, die eine Arbeit verlangt, ist äußerst schwierig. Es wird versucht, die erforderliche Geschicklichkeit durch eine grobe Einteilung in keine, geringe, mittlere, hohe und höchste Geschicklichkeit zu erfassen (sogenannte Fünferteilung). Für die einzelnen Anforderungsstufen müssen Arbeitsbeispiele gegeben werden, um auf diese Weise eine Eingliederung der Arbeiten nach dem Umfang der verlangten Geschicklichkeit zu ermöglichen.

Zur Beurteilung der körperlichen Beanspruchung sind verschiedene Meßverfahren entwickelt worden. Der Versuch, die körperliche Arbeit mithilfe der physikalischen Arbeitsformel als Produkt aus Kraft und Weg zu erfassen, muß wohl als fehlgeschlagen bezeichnet werden. Es ist nämlich kaum möglich, die Faktoren Kraft und Weg bei einer körperlichen Arbeit zu messen. Außerdem läßt sich die dem Bereiche des Mechanischen entnommene Formel nicht einfach auf den organischen Vorgang der menschlichen Arbeitsleistung übertragen[24].

Die Arbeitsphysiologie hat besondere Methoden zur Messung der körperlichen Beanspruchung entwickelt[25]. Man macht sich die Tatsache zunutze, daß die physiologisch-chemischen Vorgänge im Körper durch die körperliche Anstrengung beeinflußt werden und zu einem unterschiedlichen Kalorienverbrauch führen. Den körperlichen Arbeiten ver-

---

[22] Keller, Peter: Grundfragen der Arbeitsbewertung. Köln 1949, 2. Aufl., S. 47.

[23] Keller, Peter: Leistungs- und Arbeitsbewertung. Köln 1950, S. 74.

[24] Brengel, Albert: Die Bewertung der Arbeit. Eine Darstellung ihrer Probleme. Berlin 1942, S. 102 ff.

[25] Vgl. Lehmann, G.: Die Bewertung der körperlichen Arbeit auf physiologischer Grundlage. Stahl und Eisen, Zeitschrift für das deutsche Eisenhüttenwesen, 64. Jahrgang, Düsseldorf 1944, S. 85 bis 90.

schiedener Schwere kann jeweils der entsprechende tägliche Kalorienverbrauch zugeordnet werden[26], der dann die Grundlage für die Bewertung der körperlichen Anforderungen abgibt. Der tägliche Kalorienverbrauch als Funktion der körperlichen Anstrengung ist zwar bisher nicht einwandfrei[27], jedoch für die Zwecke der Arbeitsbewertung hinreichend genau meßbar[28]. Auch die Ermüdungsstudien stellen eine wichtige Grundlage zur Erfassung der körperlichen Beanspruchung dar.

Exakte Messungen über die geistigen Anforderungen (im gekennzeichneten Sinne) eines Arbeitsplatzes sind bisher nicht bekanntgeworden. Man ist hinsichtlich ihrer Bewertung auf die Anwendung einer groben Einteilung (vgl. die Bewertungstafel) und die Vergleichsmethode angewiesen.

Als Maßstab für die Beurteilung der erforderlichen Verantwortung dienen meist Höhe und Wahrscheinlichkeit des Schadens, der Werkstücken, Betriebsmitteln, Personen oder dem Betriebe zugefügt werden kann. Auch Größe und Bedeutung des Aufgabengebietes sowie die erforderliche Selbständigkeit können als Maßstab herangezogen werden.

Bei der Untersuchung über die Bedeutung der Umgebungseinflüsse für die Arbeitsschwierigkeit bedient man sich der Einteilung in geringe, mittlere und hohe Anforderungen. Die Erfassung der Umgebungseinflüsse in dieser Weise ist verhältnismäßig leicht möglich, wenn man Vergleiche der einzelnen Arbeitsplätze durchführt. Für die Ermittlung der Unfallgefahr und der Gefahr von Berufskrankheiten lassen sich statistische Unterlagen des Betriebes verwerten. Die Beurteilung der klimatischen Verhältnisse (Temperatur, Luftfeuchtigkeit, Luftbewegung) des Arbeitsplatzes ist weitgehend aufgrund von Messungen möglich, weil man die für den menschlichen Organismus und die Entfaltung der Arbeitskraft optimalen klimatischen Bedingungen experimentell feststellen kann[29]. Durch einen Vergleich mit den effektiven klimatischen Verhältnissen des Arbeitsplatzes erfolgt dann die Beurteilung der klimatischen Umgebungseinflüsse.

Das für die Bewertung von Angestelltentätigkeiten erforderliche Merkmal der Umgangs- und Ausdrucksgewandtheit wird beurteilt, indem man verschiedene Anforderungsstufen aufstellt und jeder Stufe Richtbeispiele zuordnet. Auf diese Weise kann jedem Arbeitsplatz durch

[26] Vgl. Lehmann, G.: Die Bedeutung energetischer Überlegungen für die Gestaltung der menschlichen Schwerarbeit. Refa-Nachrichten, Zeitschrift für Arbeitsstudien, 2. Jahrgang, Darmstadt 1949, S. 60 und S. 61.

[27] Vgl. Hundertmark, G., a. a. O., S. 55 bis 59.

[28] Vgl. Lehmann, G., a. a. O.

[29] Vgl. Bramesfeld, Erwin und Otto Graf: Praktisch-psychologischer und arbeits-physiologischer Leitfaden für das Arbeitsstudium. Grundlagen und Praxis des Arbeits- und Zeitstudiums, Bd. 3, herausgegeben von Erwin Bramesfeld, Hans Euler und Kurt Pentzlin, München 1949, S. 81.

einen Vergleich mit dem Bewertungsschema die entsprechende Punkt-zahl zugewiesen werden[30].

Die Anforderungen an das Dispositionsvermögen werden mittelbar durch die Maßgrößen erfaßt, die durch das Disponieren in Anspruch genommen werden, nämlich durch die Fachkenntnisse, das Nachdenken und die Verantwortung für den Arbeitsablauf. Je größer die Anforde-rungen in diesen Anforderungsarten sind, desto größer ist auch der Anspruch an die Dispositionsleistung[31].

Neben der Höhe der Beanspruchung ist auch die Dauer der Belastung durch die einzelnen Arbeitsanforderungen für die Arbeitsschwierigkeit entscheidend; denn es ist beispielsweise ein Unterschied, ob eine an-strengende körperliche Arbeit nur kurze Zeit oder dauernd ausgeführt werden muß. Wenn man die analytische Arbeitsbewertung mithilfe der beigefügten Bewertungstafel durchführt, wird die Belastungsdauer für eine Reihe von Merkmalen nicht ausreichend berücksichtigt. Euler und Stevens[32] haben deshalb ein schaubildliches Verfahren entwickelt,

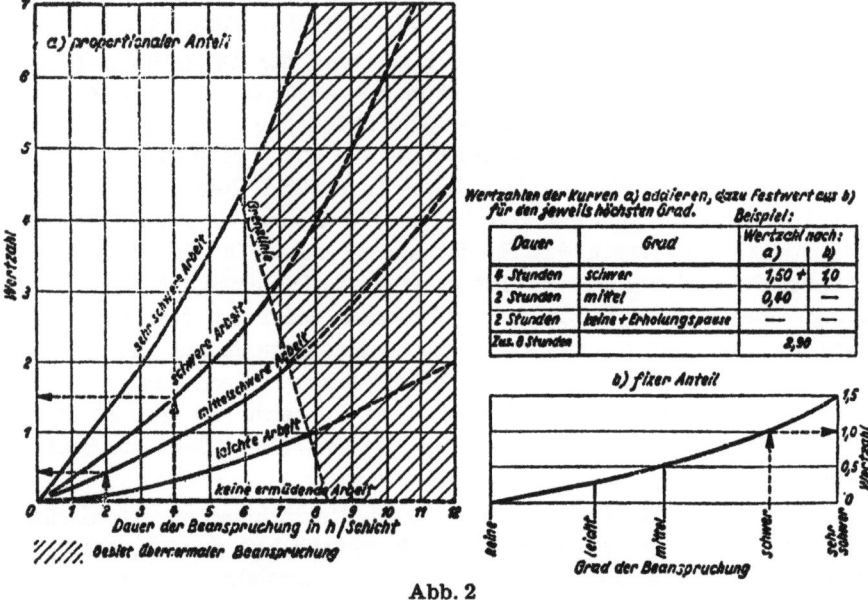

Abb. 2

Beanspruchung der Muskeln und Sinne. Die Grenzlinien scheiden das Gebiet der normalen von der übernormalen Beanspruchung. Für die Arbeitsbewer-tung gilt nur das nichtschraffierte Feld[33].

---

[30] Vgl. Euler, Hans u. a.: Analyse und Bewertung von Angestelltentätig-keiten. a. a. O., S. 15 und S. 42.

[31] Vgl. Euler, Hans u. a.: a. a. O., S. 15 und S. 43.

[32] Euler, H. und Stevens, H.: Unterlagen und Anleitungen für die analytische Arbeitsbewertung. a. a. O., S. 5 ff.

[33] Die Darstellung ist entnommen aus Euler, H. und Stevens, H.: Unterlagen und Anleitungen für die analytische Arbeitsbewertung. a. a. O., S. 8.

das die Berücksichtigung der Beanspruchungsdauer für alle Anforderungsmerkmale gestattet.

Die genannten Autoren teilen den Punktwert für die Anforderungsmerkmale in einen fixen Teil für die Belastungshöhe und in einen variablen Teil für die Belastungsdauer ein. Als Beispiel diene die Bewertung der körperlichen Beanspruchung (vgl. Abb. 2). Der fixe Anteil wird nach dem höchsten vorkommenden Belastungsgrad festgelegt, um so die von der Dauer der jeweiligen Beanspruchung unabhängige Bereitschaft zur höchsten Beanspruchung zu berücksichtigen. Der zeitabhängige Punktanteil, der sich aufgrund der effektiven Belastungsdauer ergibt, muß zu dem fixen Punktwert addiert werden, wie es das Beispiel in Abb. 2 zeigt.

Euler und Stevens[34] haben den Verlauf der Kurven in Abb. 2 empirisch bestimmt. Sie gehen davon aus, daß es als gerecht empfunden wird, wenn mit zunehmendem Grad der Anforderung und mit zunehmender Belastungsdauer der Arbeitswert progressiv steigt.

Die Arbeitsbewertung unter Berücksichtigung der Dauer der Beanspruchung hat den Vorteil, daß der Arbeitswert in einen oft meßbaren Zeitwert (Belastungsdauer) und in einen meß- oder schätzbaren Gradwert (Belastungshöhe) eingeteilt wird. Es liegt also eine weitere Verfeinerung des Bewertungsverfahrens vor. Gerade die Berücksichtigung der Belastungsdauer hat der analytischen Arbeitsbewertung viele Anhänger verschafft[35]. Man ist allgemein der Auffassung, daß dieses Bewertungsverfahren das Problem der Arbeitswertermittlung in einer *für praktische Lohngestaltungszwecke befriedigenden Weise* löst.

cc) Gewichtung der Anforderungsmerkmale

Der Schwierigkeitsgrad einer Arbeit, der in der angedeuteten Weise möglichst exakt ermittelt werden muß, findet seinen Ausdruck in einer Punktzahlsumme. Jedes Merkmal bekommt je nach dem Grad der Anforderung eine bestimmte Wertzahl zugewiesen (vgl. die Bewertungstafel). Die Gesamtpunktzahl ergibt sich, indem man die Punkte addiert, die den einzelnen Anforderungsmerkmalen bei der Bewertung beigelegt wurden.

Für das Bewertungsergebnis, d. h. für die Punktzahlsumme eines Arbeitsplatzes, ist nun der *relative Punktanteil* von Bedeutung, den jedes Merkmal gegebenenfalls an der Gesamtpunktzahl erreichen kann. Man könnte beispielsweise dem Merkmal geistige Anstrengung eine größere maximale Punktsumme zugestehen als dem Merkmal körperliche Banspruchung. Die Festlegung des gegenseitigen Wertverhältnisses

---

[34] a. a. O., S. 7.

[35] Vgl. Gutenberg, Erich: Grundlagen der Betriebswirtschaftslehre. a. a. O., S. 41 und 42 und Beste, Theodor: Der Leistungslohn. Arbeitsgemeinschaft für Forschung des Landes Nordrhein-Westfalen, Heft 16, Köln und Opladen 1952, S. 39.

der Anforderungsmerkmale, die Gewichtung, beeinflußt also in starkem
Maße den Arbeitswert.

Nach welchen Gesichtspunkten soll aber die Gewichtung durchgeführt
werden? Auf diese Frage sind die verschiedensten Antworten gegeben
worden. Keller[36] ist der Auffassung, daß die Gewichtung eine sozial-
politische Entscheidung sei, deren Regelung den Tarifparteien vor-
behalten bleiben müsse. An anderer Stelle wird eine Gewichtung nach
überbetrieblichen, volkswirtschaftlichen Gesichtspunkten gefordert[37].

Die in der *Praxis* angewandten Bewertungspläne weisen *verschiedene*
Gewichtungen auf[38]. Euler und Stevens[39] legen in ihrer Bewertungstafel zwar Höchstpunktzahlen fest, erwähnen aber, daß diese Festlegung
nicht für alle Betriebsverhältnisse gelten soll. Die Frage, welche Gewichtung nun die richtige sei, läßt sich *nicht allgemein verbindlich
beantworten*. Die Auffassungen über den Wert einer Anforderung sind
stark von den jeweiligen wirtschaftlichen, kulturellen und politischen
Bedingungen einer Gesellschaftsordnung abhängig. Über die Gewichtung
einzelner Merkmale besteht jedoch weitgehend Übereinstimmung. So
werden beispielsweise die erforderlichen Fachkenntnisse in der Regel
höher gewichtet als einzelne Umgebungseinflüsse.

Das Problem der Gewichtung der Anforderungsmerkmale kann nach
Ansicht des Verfassers in befriedigender Weise gelöst werden, wenn die
von Rex[40] dazu gemachten Vorschläge berücksichtigt werden. Bei Rex
wird die Frage der Gewichtung zwar in einem anderen Zusammenhang
behandelt (Leistungsbewertung zum Zwecke der Gewinnbeteiligung);
diese Darlegungen können aber auch als grundsätzliche Beiträge zum
Problem der Gewichtung im Rahmen der Arbeitsbewertung angewandt
werden.

Wenn in einem Betriebe eine analytische Arbeitsbewertung durchgeführt wird, werden ja ganz *verschiedene Gruppen* von Arbeitnehmern
erfaßt, zum Beispiel Büroangestellte, Werkstattarbeiter und leitende
Angestellte. Rex bildet nun bestimmte typische Gruppen von Arbeitnehmern[41] — vorwiegend nach dem Gesichtspunkt der Entscheidungsbefugnis — und verlangt *für jede Gruppe eine gesonderte Gewichtung*
der Bewertungsfaktoren entsprechend der *Bedeutung, die einzelne Merkmale für die Tätigkeit der Angehörigen dieser Gruppe haben*[40].

---

[36] Keller, Peter: Leistungs- und Arbeitsbewertung. Köln 1950, S. 81.

[37] Peters, Waldemar: Betriebswirtschaftliche Probleme eines gerechten
Lohnes. Dissertation Köln 1952, S. 46.

[38] Vgl. Ingenohl, Ingo: Die Bestimmung der Arbeitsschwierigkeit. Industrielle Psychotechnik, 19. Jahrgang 1942, Heft 7/9, S. 145 ff.

[39] Euler, H. und Stevens, H.: Unterlagen und Anleitungen für die analytische
Arbeitsbewertung. a. a. O., S. 6.

[40] Rex, Gerhard: Die Ertragsbeteiligung als betriebspolitisches Instrument
und die Gewinnbeteiligung in betriebswirtschaftlicher Sicht. Dissertation Freie
Universität Berlin 1956, S. 112 ff.

[41] Rex, Gerhard: a. a. O., S. 91 ff.

Als ein treffendes Beispiel führt Rex das Merkmal Verantwortung an. „Dieser Faktor wird in allen Gruppen zu bewerten sein, aber es steht wohl außer Frage, daß die Verantwortung, die ein Angehöriger der obersten Leitung für seine Tätigkeit zu tragen hat, in ihrer Bedeutung nicht mit der verglichen werden kann, die einem Angehörigen der fünften Gruppe (Träger der ausführenden Leistung. Der Verf.) für seinen Arbeitsbereich zukommt."[42]

Bei der analytischen Arbeitsbewertung darf die Gewichtung der Merkmale also nicht für alle Tätigkeiten in gleicher Weise vorgenommen werden. Man muß versuchen, *wesensgleiche* Arbeiten zu Gruppen zusammenzufassen. Für die Gruppenbildung kann beispielsweise der Gesichtspunkt der Entscheidungsbefugnis infrage kommen. Innerhalb jeder Gruppe ist dann eine *eigene Gewichtung* nach Maßgabe der Bedeutung der einzelnen Merkmale für die Arbeitsschwierigkeit durchzuführen. Auf diese Weise wird der *unterschiedliche Wert,* der den Merkmalen bei *ganz verschiedenartigen Tätigkeiten* zukommt, sicherlich hinreichend genau berücksichtigt werden.

Eine *allgemein gültige* Gewichtung gibt es aber *nicht,* und deshalb ist man auf eine *empirische* Gewichtung angewiesen. Es muß versucht werden, das Verhältnis zwischen den Wertzahlen der einzelnen Merkmale den *jeweiligen betrieblichen Besonderheiten* anzupassen. Die Gewichtung muß sich im Einzelfalle für den Betrieb als *brauchbar* erweisen. Das wird dann der Fall sein, wenn die Gewichtung der *allgemeinen Auffassung* vom Wert der Anforderungsmerkmale *so weit wie möglich* entspricht, denn dann wird man die Arbeitsbewertung als eine *leistungsgerechte* ansehen.

dd) Auswirkungen der analytischen Arbeitsbewertung

Hat man den Schwierigkeitsgrad einer Arbeit anhand des dargestellten analytischen Bewertungsverfahrens ermittelt und mit einer Punktzahl bewertet, so muß dieser Arbeitswert noch in einen Geldwert umgewandelt werden. Die Gesamtbeanspruchung durch eine Arbeit muß im Lohnsatz berücksichtigt werden. In welcher Weise nun die Rangfolge der verschiedenen Arbeiten lohnmäßig aufgebaut werden kann, ist bereits bei der Behandlung der Lohndifferenzierung gezeigt worden. Die Arbeitsbewertung liefert nur die Grundlagen für die Lohndifferenzierung.

Während die Ermittlung des Arbeitswertes mithilfe der erwähnten Methoden eine mehr technische, arbeitswissenschaftliche Aufgabe ist, soll die Lohndifferenzierung nach rein betriebswirtschaftlichen Gesichtspunkten vorgenommen werden. Immer aber muß sich die Lohndifferenzierung nach den Ergebnissen der Arbeitsbewertung richten; die tat-

---

[42] Rex, Gerhard, a. a. O., S. 113.

sächlich ermittelten Schwierigkeitsgrade müssen im Entgelt hinreichend zum Ausdruck kommen. Wenn das nicht der Fall ist, war der ganze Aufwand für die Arbeitsbewertung umsonst.

Die analytische Arbeitsbewertung hat — wie gesagt — noch manche Mängel, die vor allem wohl darin zu erblicken sind, daß sich die Arbeitsschwierigkeit bisher trotz aller Bemühungen einer genauen Messung entzieht. Es kommt darauf an, bei den unvermeidlichen Schätzungen sowie bei der praktischen Durchführung einer Arbeitsbewertung überhaupt so objektiv und so gewissenhaft wie möglich vorzugehen.

Die kurzen Ausführungen über die Arbeitsbewertung sollten zeigen, daß man heute ernsthaft bemüht ist, die Umstände zu erforschen, die die Schwierigkeit einer Arbeit ausmachen. Wenn man den Faktoren, die die Arbeitsschwierigkeit bestimmen, in der dargestellten Weise im Arbeitswert Rechnung trägt, und wenn man diesen *Arbeitswert der Lohnsatzbestimmung zugrundelegt,* dann wird man wohl davon sprechen können, daß die *Leistung weitgehend* für den *Lohn* den Maßstab abgibt. Damit ist aber gleichzeitig gesagt, daß die Grundbedingung für eine gesunde *Entfaltung der menschlichen Arbeitsleistung* erfüllt ist; denn der Arbeitende hat aufgrund der Anerkennung seiner Arbeitsanstrengung das Empfinden, daß er leistungsgerecht entlohnt wird, und er wird dann in der Regel auch bereit sein, seine Arbeitskraft im erforderlichen Umfange einzusetzen.

II. Leistungsbewertung

1. Wesen und Bedeutung der Leistungsbewertung

Im Lohn*satz* kommt zunächst lediglich die *Arbeitsschwierigkeit* zum Ausdruck, wie sie aufgrund der Arbeitsbewertung bestimmt wurde. Der Arbeitswert wird nur nach den objektiven Gegebenheiten der Arbeit als solcher festgelegt. Die Arbeitsbewertung nimmt keine Rücksicht auf die Person des Arbeitenden. Es wird vorausgesetzt, daß die einzelnen Betriebsangehörigen die Anforderungen, die die Arbeit an sie stellt, inform einer *Normalleistung*[43] erfüllen.

Die *persönliche* Leistung, die sich irgendwie im Arbeitserfolg äußert, kann aber von der gedachten Normalleistung abweichen. Die persönlichen Leistungsunterschiede sollen mithilfe des Stücklohnes und der Prämienlöhne äquivalent entlohnt werden, wozu aber eine recht genaue Messung des Arbeitsergebnisses Voraussetzung ist. In den Fällen, in denen Abweichungen von der Normalleistung nicht jederzeit einwandfrei meßbar sind, muß der *Zeitlohn* angewandt werden.

---

[43] Vgl. die Definition der Normalleistung auf S. 51.

Es würde nun dem Grundsatz der Äquivalenz von Lohn und Leistung widersprechen, wenn die Zeitlöhner, die bei gleicher Arbeitsschwierigkeit eine verschiedene persönliche Leistung aufweisen, den gleichen Lohn erhielten. Man muß deshalb auch dann, wenn der Stücklohn und die Prämienlöhne nicht anwendbar sind, die individuelle Leistung berücksichtigen.

Wenn diese Berücksichtigung nicht auf dem Wege über eine besondere Lohnform erfolgen kann, bleibt nichts anderes übrig, als zum Mittel der *Lohnsatzänderung* zu greifen; den bei *gleicher* Arbeitsschwierigkeit *unterschiedlichen* Leistungen muß wenigstens *langfristig* im Lohnsatz Rechnung getragen werden. Der Lohnsatz muß also unter Umständen noch entsprechend der individuellen Leistung geändert werden, so daß er nunmehr *zusätzlich* auch die persönliche Leistung berücksichtigt.

Die individuelle Leistung kann über, aber auch unter der abverlangten Normalleistung liegen. Auf die Möglichkeit, daß die am Arbeitsplatz geforderte Leistung dauernd unterschritten wird, soll hier nicht näher eingegangen werden. Es wäre denkbar, daß in einem solchen Falle der normale Lohnsatz in irgendeiner Weise gesenkt würde; wenn es die Beschäftigungssituation erlaubt, wird man aber wohl einen Arbeitsplatzwechsel vornehmen, um auf diese Weise die erwünschte Normalleistung zu erzielen.

Erbringt ein Zeitlöhner ständig eine Leistung, die über der Normalleistung liegt und betrieblich erwünscht ist, so muß der Lohnsatz erhöht werden, um den persönlichen Leistungsunterschied dieses Arbeitenden gegenüber den anderen Betriebsangehörigen, die bei gleich schwieriger Arbeit eine Normalleistung anbieten, zum Ausdruck zu bringen. Gleichzeitig soll durch die Erhöhung des Lohnsatzes die Leistung der anderen angespornt werden. Auf diese Weise wird ein Lohn*anreiz* geboten.

Um eine solche Anpassung des Lohnsatzes an die individuelle Leistung durchführen zu können, ist jedoch zunächst die Ermittlung der Normalleistung und die Erfassung der Abweichungen von dieser normalen Leistung erforderlich. Gerade die exakte Bestimmung der Normalleistung und die Messung des Arbeitsergebnisses sind aber nach unseren Voraussetzungen bei Zeitlohn nicht möglich; denn sonst könnte ja eine Lohnform angewendet werden, die die kurzfristigen Leistungsschwankungen zwangsläufig im Entgelt zum Ausdruck bringt.

Es kann sich daher hier nicht um eine genaue Messung der Normalleistung und ihrer jeweiligen Abweichungen, sondern nur um eine *mehr oder weniger grobe Schätzung* des Arbeitsergebnisses handeln. Es muß versucht werden, wenigstens eine *hinreichend genaue* Vorstellung von der Normalleistung am jeweiligen Arbeitsplatz zu gewinnen und das Verhältnis der effektiven zur normalen Leistung *so genau wie möglich* zu schätzen.

Diese Versuche laufen auf eine *Bewertung der persönlichen Leistung* hinaus. Hier ist nicht mehr der Arbeitsplatz mit seinen Arbeitsanforderungen Gegenstand der Betrachtung, sondern die Person des Arbeitenden und der Grad der individuellen Leistungsentfaltung. Die Schätzung der persönlichen Leistung eines Arbeitenden, die „Leistungsbewertung", hat für die Leistungsentlohnung nur einen Sinn bei Zeitlöhnern; denn bei der Anwendung eines Stück- oder Prämienlohnes wird die individuelle Leistung durch die Lohnform berücksichtigt[44].

Das Ziel der Leistungsbewertung ist die Anpassung des Lohnsatzes an die tatsächliche Leistung. Der Lohnsatz ist aber ein Mittel *langfristiger* Entlohnung, und die persönliche Leistung bleibt auf lange Sicht nicht immer die gleiche. Es ist deshalb erforderlich, daß die Ergebnisse der Leistungsbewertung in *kürzeren Zeitabständen* daraufhin überprüft werden, ob sie noch die tatsächliche Leistung widerspiegeln. Gegebenenfalls muß der persönliche Leistungsanteil des Lohnsatzes *neu* festgelegt werden. Auch das Prinzip der Kurzfristigkeit des Lohnanreizes[45] verlangt eine Überprüfung der Ergebnisse der Leistungsbewertung in möglichst kurzen Zeitabständen.

Bei der Leistungsbewertung im gekennzeichneten Sinne ist in erster Linie an die Berücksichtigung der *ständigen* individuellen Leistungsunterschiede verschiedener Zeitlöhner gedacht. Die kurzfristigen Leistungsschwankungen eines einzelnen Zeitlöhners können auf diese Weise nicht so genau erfaßt werden, wie es etwa die Entlohnung in einem möglichen Stücklohnverfahren erlauben würde. Je *häufiger* aber die Ergebnisse der Leistungsbewertung überprüft werden, um so mehr ist die Gewähr dafür gegeben, daß der Arbeitsleistung ein äquivalentes Entgelt geboten wird.

Die Anpassung des Lohnes an die effektive Leistung mithilfe der Leistungsbewertung ist also *schwerfälliger* als die Berücksichtigung der individuellen Leistung durch eine Lohnform, die sich automatisch den Leistungsschwankungen anpaßt. Bei Zeitlöhnern bietet aber das Hilfsmittel der Leistungsbewertung die *einzige Möglichkeit* zur leistungsgerechten Entlohnung auch des *dauernden persönlichen* Arbeitseinsatzes.

Es soll noch darauf hingewiesen werden, daß bestimmte Sonderleistungen, wie z. B. eine Termineinhaltung, auch dadurch entlohnt werden können, daß eine einmalige Leistungszulage vergütet, im übrigen aber der Lohnsatz unverändert gelassen wird.

2. Verfahren der Leistungsbewertung

Es bleibt nun noch die Frage offen, *wie* die individuelle Leistung erfaßt werden soll.

---

[44] Vgl. auch S. 51 f.
[45] Vgl. S. 29.

Baldus[46] schlägt zu diesem Zwecke eine Anlehnung an die Methode der analytischen Arbeitsbewertung vor und meint damit offenbar, daß die einzelnen Anforderungsarten nach vollzogener Arbeitsbewertung zusätzlich für eine Bewertung der persönlichen Leistung herangezogen werden sollen[47]. Das würde bedeuten, daß beispielsweise das Merkmal körperliche Anstrengung zunächst hinsichtlich der Arbeitsschwierigkeit — sagen wir mit 3 Punkten — bewertet wird. Durch Beobachtung der Arbeit des Zeitlöhners kommt man dann etwa zu dem Ergebnis, daß dieser sich körperlich übernormal einsetzt[48]. Er bekommt deshalb vielleicht nun 1,5 Punkte mehr zugesprochen. Entsprechendes gilt für die anderen infrage kommenden Merkmale. Es muß aber beachtet werden, daß nur die Mehrleistung höher entlohnt wird, die sich im Arbeitsergebnis niederschlägt und für den Betrieb von Nutzen ist.

Es wird also versucht festzustellen, um wieviel Punkte die Istleistung des Zeitlöhners die von ihm an seinem Arbeitsplatz geforderte Normalleistung übersteigt[46]. Liegt die effektive über der normalen Leistung, so wird der Lohnsatz in dem entsprechenden Verhältnis erhöht. Ein Beispiel möge das erläutern:

Punktsumme bei Normalleistung (Arbeitswert) 20
Punktsumme für Istleistung 24
Mehrverhältnis .... 20 %

Würde nun dem Arbeitswert ein Lohnsatz von beispielsweise 2,— DM entsprechen, so müßte in diesem Falle der Lohnsatz um 20 % auf 2,40 DM erhöht werden.

Bei einer Anlehnung an die Merkmale der analytischen Arbeitsbewertung können jedoch nicht alle Faktoren berücksichtigt werden, die der individuellen Leistung das Gepräge geben. Die Arbeitsbewertung ist auf die objektiven Bedingungen des Arbeitsplatzes zugeschnitten, die Leistungsbewertung aber muß auf Merkmale zurückgreifen, die eine Bewertung der subjektiven Leistung zulassen. Die Leistungsbewertung muß deshalb *eigene* Bewertungsmerkmale herausstellen.

So kann die Leistungsbewertung losgelöst von der Bewertungstafel der analytischen Arbeitsbewertung vorgenommen werden. Eine Möglichkeit der Leistungsbewertung besteht in der *Beurteilung des Arbeitsergebnisses*. Wenn auch eine genaue Leistungsvorgabe aus irgendwelchen Gründen nicht erfolgen konnte, so besteht doch vielleicht die Möglichkeit, *nachträglich* das Ergebnis der Arbeitsleistung zu beurteilen, indem

---

[46] Baldus, Theodor, a. a. O., S. 90/91.
[47] So auch: Timme, Heinz: Die analytische Beurteilung individueller Leistungen im Betrieb als Grundlage leistungsabhängiger Entlohnung. Refa-Nachrichten, Zeitschrift für Arbeitsstudien, 9. Jahrgang, Heft 3, Darmstadt 1956, S. 86 und S. 88.
[48] Vgl. das Leistungsgradschätzen (Abschnitt B III).

es mit den Arbeitsergebnissen anderer Zeitlöhner verglichen wird, die dieselbe Arbeit verrichten[49].

Für eine Leistungsbewertung dieser Art gibt Hundertmark[50] ein Beispiel. Er bewertet die Mengenleistung, die Güteleistung und die Ersparnisleistung (Ersparnis an Roh- und Betriebsstoffen), indem er bestimmte Leistungsstufen unterscheidet:

Leistungsart	Bewertung	Prozentsatz für die Erhöhung des Lohnsatzes
1. Mengenleistung	genügend	0
	gut	5
	sehr gut	10
2. Güteleistung	genügend	0
	gut	5
	sehr gut	10
3. Ersparnisleistung	genügend	0
	gut	5
	sehr gut	10

Jeder Leistungsstufe wird unmittelbar ein bestimmter Prozentsatz für die Erhöhung des Lohnsatzes zugeordnet. Es wird davon ausgegangen, daß die Spanne, die zwischen einem Zeitlohnsatz und einem vergleichbaren Stücklohnsatz liegt, 15 % beträgt[51]. Diese Spanne verliert ihre Berechtigung, wenn die Arbeitsintensität des Zeitlöhners sich der Arbeitsintensität bei Stücklohnarbeit anpaßt[51]. Weiterhin wird angenommen, daß die Normalleistung bei Stücklohn unter normalen Bedingungen erfahrungsgemäß um 15 % überschritten werden kann. Auf diese Weise ist insgesamt eine Steigerung des ursprünglichen Zeitlohnsatzes um 30 % möglich.

Die Leistungsstufe „genügend" entspricht der abverlangten Normalleistung. Wird eine gute oder sehr gute Leistung erzielt, so kann der Lohnsatz um die entsprechenden Prozentwerte erhöht werden. Wenn also zum Beispiel eine sehr gute Mengenleistung, eine gute Qualitätsleistung und eine genügende Ersparnisleistung vorliegt, so wird der Lohnsatz um $(10 + 5 + 0) = 15 \%$ erhöht.

Gelingt es nicht, das Arbeitsergebnis irgendwie zu erfassen und zu vergleichen, so muß auf eine Bewertung derjenigen *persönlichen Eigen-*

---

[49] Vgl. auch Hohmann, Emil: Der Leistungslohn als schwankungsfreie Existenzgrundlage. Mensch und Arbeit, 6. Jahrgang, Heft 3, München 1954, S. 77.

[50] Hundertmark, Gerhard: Der gerechte Lohn als betriebswirtschaftliches Problem. Dissertation Köln 1953, S. 148/149.

[51] Vgl. S. 22.

schaften zurückgegriffen werden, die für das Zustandekommen des Arbeitsergebnisses von Bedeutung sind. Eine Bewertung persönlicher Eigenschaften ist natürlich sehr schwierig, weil es an objektiven Maßstäben fehlt. Der Versuch dieser Leistungsbewertung muß aber in vielen Fällen unternommen werden, weil es einfach keine andere Möglichkeit gibt, der individuellen Leistung Rechnung zu tragen. Hier sind besonders die Tätigkeiten von Angestellten gemeint, die nicht auf einer Mengenbasis entlohnt werden können.

Es sind zunächst bestimmte Merkmale aufzustellen, die für die individuelle Leistung eines Betriebsangehörigen oder einer Gruppe von Zeitlöhnern von Bedeutung und charakteristisch sind. In dieser Merkmalauswahl liegt eine besondere Schwierigkeit der Leistungsbewertung; es besteht einmal die Gefahr, daß die Merkmale der Leistungsbewertung Doppelbewertungen verursachen, zum anderen können auch dadurch Doppelbewertungen auftreten, daß die Merkmale der Leistungsbewertung mit denen der Arbeitsbewertung vermengt werden.

Die persönliche Leistung kann beispielsweise durch die Bewertung folgender Faktoren erfaßt werden[52]:

Ausführung der Arbeit (Sauberkeit und Pünktlichkeit),

Zuverlässigkeit,

Fleiß,

Einordnung in die Gemeinschaft,

Betriebsgesinnung (Verbundenheit mit dem Betrieb und positive Beeinflussung anderer Betriebsangehöriger)[53].

Die einzelnen Merkmale lassen sich wieder in Leistungsstufen einteilen. Die Bezeichnung jeder Leistungsstufe richtet sich nach dem jeweiligen Merkmal. Der Faktor Fleiß ist etwa durch die Noten genügend, gut, sehr gut zu beurteilen, wobei jeder Leistungsstufe eine besondere Punktzahl zukommt. Ein genügender Fleiß beispielsweise entspricht der Normalleistung. Nur die Leistungen, die über der Normalleistung liegen, führen zu einer Erhöhung des normalen Lohnsatzes, weil die Normalleistung ja schon im Lohnsatz für den Arbeitswert abgegolten ist.

Wieviel Punkte den einzelnen Leistungsstufen zugeordnet werden sollen und wie die Gewichtung der Merkmale erfolgen soll, läßt sich

---

[52] Die Merkmale sind einer Aufstellung bei Rex, Gerhard, a. a. O., S. 116, entnommen.

[53] Wenn die praktischen Bewertungspläne auch sehr unterschiedlich sind, so können doch immer wieder die oben angeführten Merkmale in irgendeiner Form herausgefunden werden. Vgl. z. B. die Bewertungstabelle bei Goossens, Franz: Die Praxis der Lohnformen. Eine Untersuchung des Arbeitskreises für soziale Betriebspraxis. München im Frühjahr 1952, herausgegeben von der Arbeitsgemeinschaft für soziale Betriebsgestaltung, Heidelberg, 12. Beiheft zu: Mensch und Arbeit. München/Düsseldorf 1952, S. 82/83. Vgl. ferner: Nievergelt, Jakob: Arbeitsbewertung. Arbeitsplatz- und Persönlichkeitsbewertung als Entlöhnungsgrundlagen. Nussbaumen bei Baden 1952, S. 169, S. 173 ff.

nicht allgemein festlegen. Die in der Praxis angewandten Bewertungspläne weichen in dieser Hinsicht stark voneinander ab. So werden beispielsweise in einem Bewertungsplan die „Leistung" (Mengen- und
Güteleistung) mit maximal 18 Punkten, das Merkmal Fleiß mit maximal
3 Punkten und die Merkmale Ordnung und Pünktlichkeit mit maximal
je 2 Punkten bewertet[54]. Die Gewichtung hängt von der Bedeutung ab,
die man dem Merkmal im Hinblick auf die individuelle Leistung bei-
mißt. Mithilfe der Gewichtung kann auch die persönliche Leistung
beeinflußt werden[55].

Nach Durchführung der Punktbewertung ist das Verhältnis von
Punktzahl zu Lohnsatzerhöhung zu bestimmen[56], wofür auch keine allgemeine Regel aufgestellt werden kann. Ob das Verfahren bei Hundertmark (gleiche Gewichtung der Merkmale, maximale Punktzahl = 30,
Punktzahl = Prozentsatz für die Lohnsatzerhöhung) immer mit Erfolg
anwendbar ist, muß die Praxis zeigen.

Welches der angeführten Verfahren der Leistungsbewertung angewandt werden soll, ist ebenfalls *von Fall zu Fall* zu entscheiden. Es
kommt in erster Linie darauf an, welche Arbeitsarten vorliegen und
ob die Voraussetzungen für die Anwendung eines Verfahrens gegeben
sind, ob sich also zum Beispiel das Arbeitsergebnis schätzen und vergleichen läßt.

Weil die Erfassung der persönlichen Leistung nicht exakt möglich ist,
muß im praktischen Falle versucht werden, die Leistungsbewertung *so
objektiv wie nur eben möglich* durchzuführen. Der Umfang, in dem das
Ergebnis einer Leistungsbewertung als leistungsgerecht empfunden
wird, hängt weitgehend davon ab, von welchen Personen das Verfahren
vorgenommen und mit welcher Gewissenhaftigkeit bei der Durchführung
der Leistungsbewertung geschätzt wurde. Bei der Leistungsbewertung
sollten nicht nur fachkundige Kräfte und Vorgesetzte, sondern auch der
Betriebsrat beteiligt sein. „Um Mißbrauch und subjektive Willkür so
weitgehend wie überhaupt möglich auszuschalten, gilt für das gesamte
Verfahren unabdingbar die Regelung, daß jede Beurteilung und jede
Einstufung vor dem Gesamtgremium aller Beurteilenden zu vertreten
ist und daß die endgültige Entscheidung nur von eben diesem Gremium
getroffen werden kann[57]."

Das Gebiet der Leistungsbewertung ist heute noch nicht so weit
erschlossen wie das der Arbeitsbewertung oder der Normalgrößenermitt-

---

[54] Vgl. Hohmann, Emil: Der Leistungslohn als schwankungsfreie Existenzgrundlage. a. a. O., S. 77.
[55] Vgl. S. 70.
[56] Vgl. das Beispiel bei Hohmann, Emil: Arbeitsbewertung in der Industrie.
Leitfaden für Einführung der Arbeitsbewertung in die betriebliche Praxis.
Hamburg 1954, S. 68.
[57] Rex, Gerhard, a. a. O., S. 122.

lung. Über die Notwendigkeit, auch die Verfahren der Leistungsbewertung zu verbessern und die Leistungsbewertung in die praktischen Lohnsysteme einzubeziehen, kann aber kein Zweifel bestehen. Ein aufgrund der Arbeitsbewertung festgelegter Zeitlohnsatz mag zwar schon weitgehend der Leistung entsprechen, aber es bleibt dennoch eine Lücke im Lohnsystem, die durch die Erfassung der individuellen Leistung geschlossen werden muß.

Wenn die angeführten Bewertungsverfahren auch weitgehend auf Schätzungen beruhen, so ist dennoch bei gewissenhafter Durchführung dieser Schätzungen eine hinreichend genaue Erfassung der Istleistung möglich. So berichtet Hohmann über eine Kommission, die in einem Industriebetrieb eine Leistungsbewertung durchführt. Die Kommission setzt sich aus einem Betriebsingenieur, dem entsprechenden Abteilungsmeister, dem Betriebsratsvorsitzenden und einem Arbeiter der betreffenden Abteilung zusammen. Jedes Mitglied urteilt zunächst für sich, dann werden die Urteile verglichen und gegebenenfalls die Abweichungen geklärt. Hohmann sagt: „... Hier entscheidet neben dem Gesamteindruck die Bewertung einer jeden Arbeit durch den Meister, und trotz des mehr oder weniger subjektiven Charakters dieser Methode zeigt die Praxis, daß nur geringfügige Streuungen auftreten und sich sehr leicht ein ausgewogener Mittelwert findet[58]."

Die Berücksichtigung der Istleistung im Lohnsatz bietet auch bei Zeitlohn einen *direkten Anreiz zur Leistungssteigerung*.

III. Normalgrößenbestimmung

1. Die Bedeutung der Normalgrößenbestimmung für die Lohnformen

Als Normalleistung wird allgemein die Höhe der Leistung bezeichnet, die von einem Arbeitenden bei zureichender Eignung, voller Geübtheit, nach Einarbeitung und Gewöhnung sowie bei befriedigendem, auf die Dauer ohne Gesundheitsschädigung durchhaltbarem Kräfteeinsatz erbracht werden kann.

Hier taucht die Frage auf, wie diese Normalleistung bestimmt werden soll. Es ist schon gesagt worden, daß in den Fällen, in denen eine exakte Erfassung der Normalleistung nicht möglich ist, der Zeitlohn angewandt werden muß. Der Zeitlohn ist aber ohne die Berücksichtigung der individuellen Leistung kein echter Leistungslohn. Auch bei dieser Lohnform müssen deshalb die Normalleistung und ihre Abweichungen irgendwie berücksichtigt werden. Die Erfassung der Normalleistung und der Abweichungen von der Normalleistung erfolgt

---

[58] Hohmann, Emil: Der Leistungslohn als schwankungsfreie Existenzgrundlage. a. a. O., S. 77 f.

bei Zeitlohn durch die Beurteilung der persönlichen Arbeitsintensität, durch eine grobe Schätzung des Arbeitsergebnisses oder durch die Beurteilung des persönlichen Arbeitseinsatzes. Im Falle des Zeitlohnes ist es also die bereits dargestellte Leistungsbewertung, durch die die Normalleistung erfaßt werden soll. Die Leistungsbewertung dient hier als Ersatz für eine genaue Normalgrößenbestimmung.

Sind die technischen und organisatorischen Bedingungen einer Arbeit verhältnismäßig konstant, ist der Arbeitsablauf in seinen Elementen wiederholbar und gleichartig und läßt sich das Arbeitsergebnis zahlenmäßig feststellen und messen, dann sind weitgehend die Voraussetzungen dafür erfüllt, daß die Normalleistung *hinreichend exakt* bestimmt werden kann. In diesen Fällen, in denen die Mengenausbringung für die Arbeitsleistung charakteristisch ist, kann das *Stücklohnverfahren* Verwendung finden oder es können die *Prämienlöhne* verwandt werden, die die Leistungsschwankungen automatisch berücksichtigen. Es sind besondere Verfahren entwickelt worden, um die Normalleistung bei Arbeiten der eben gekennzeichneten Art zu bestimmen. Auf diese Methoden der Normalgrößenbestimmung soll noch näher eingegangen werden.

Die Normalleistung kann durch die in einer Zeiteinheit zu erbringende Menge oder durch die für die Erbringung einer Mengeneinheit zu verbrauchende Zeit gemessen werden. In der Regel wird versucht, die Zeit zu bestimmen, die zur Erstellung einer Leistungseinheit normalerweise benötigt wird: die Normalzeit. Eine normale Leistungsmenge muß aber auch eine normale Leistungsqualität aufweisen.

Die Erfassung der Normalleistung in irgendeiner Weise ist also für *alle Lohnformen* von Bedeutung, weil andernfalls die *individuelle* Leistung nicht bestimmt und äquivalent entlohnt werden kann. Nur lassen sich nicht immer die *verhältnismäßig genauen Methoden der Normalgrößenbestimmung*, wie wir sie heute kennen, anwenden, so daß die *weniger exakten Verfahren der Leistungsbewertung* herangezogen werden müssen.

Die Bedeutung, die eine genaue Bestimmung der Normalgrößen für den *Stücklohn* hat, weist Kosiol[59] in folgender Weise nach: Der Stücklohnsatz, ausgedrückt in DM pro Stück, sei l_0, der veränderliche Stundenverdienst eines Stücklöhners, sein Effektivlohn pro Stunde, sei s, die für die Erstellung eines Stückes tatsächlich verwandte Zeit sei t[60]. Dann ergibt sich die Gleichung[61]:

(5) $$s = \frac{l_0}{t}$$

---

59 Kosiol, Erich: Theorie der Lohnstruktur. Stuttgart 1928, S. 12/13.
60 Vgl. die Ausführungen über den Stücklohn.
61 Kosiol, Erich, a. a. O., S. 9.

Liegt nun dem Stücklohnsatz l_0 eine ermittelte Normalzeit von t_0 (Minuten pro Stück) zugrunde, so ergibt sich ein normaler Stundenverdienst von s_0[62]:

(6) $$l_0 = s_0 \cdot t_0$$

Die Gleichung (5) geht dann in die Gleichung

(7) $$s = s_0 \cdot \frac{t_0}{t}$$

über[62]. Die Formel (7) „zeigt, daß der Stundenverdienst proportional ist dem Verhältnis von veranschlagter zu gebrauchter Zeit. Je höher der normale Zeitaufwand für die Leistung geschätzt wird, um so höher ist an sich der Verdienst, ohne daß die tatsächlich verwandte Zeit wesentlich verkürzt, also die Leistung gesteigert wird ... Die Lohnsteigerung ist in diesem Falle unökonomisch, da ihr keine Leistungssteigerung zugrunde liegt. Das Äquivalenzprinzip ist verletzt[63]."

Wird nun umgekehrt die Normalzeit zu niedrig festgesetzt, so ist es dem Stücklöhner nur sehr schwer möglich, den normalen Stundenverdienst zu erreichen oder ihn durch eine Leistungssteigerung zu erhöhen. „Auch in diesem Falle wird der Stücklohn seinen ökonomischen Zweck nicht erreichen[64]."

Aus der angeführten Untersuchung geht also die Tatsache hervor, daß der Stücklohn ohne die Grundlage einer exakten Normalgrößenbestimmung einfach nicht erfolgreich angewandt werden kann: „Von grundlegender und einschneidender Bedeutung für den Stücklohn ist daher eine einwandfreie und genaue Schätzung der ihm zugrunde liegenden Normalzeit[65]."

Es ist noch darauf hinzuweisen, daß man zu dem wirtschaftlich gleichen Ergebnis gelangt, wenn statt der Normalzeit pro Mengeneinheit die Normalmenge pro Zeiteinheit betrachtet wird[66].

Auch bei den *Prämienlöhnen* ist die Bestimmung der Normalgrößen grundsätzlich von großer Bedeutung für die ökonomische Wirkung der Lohnform, wenn auch bei manchen Prämienlöhnen eine ungenaue Normalgrößenbestimmung *weniger stark ins Gewicht fällt*. Auf diese Einzelheiten wird aber später bei der Darstellung der Lohnformen eingegangen[67].

Die Normalgrößenbestimmung ist die wichtigste Grundlage für die äquivalente Entlohnung der persönlichen Leistungsschwankungen. Für den Arbeitnehmer ist die Vorgabe einer normalen Leistung nicht nur

---

[62] Kosiol, Erich, a. a. O., S. 10.
[63] Kosiol, Erich, a. a. O., S. 12.
[64] Kosiol, Erich, a. a. O., S. 13.
[65] Kosiol, Erich, a. a. O., S. 13.
[66] Vgl. Kosiol, Erich, a. a. O., S. 16.
[67] Siehe S. 90 und S. 94/95.

deshalb von Bedeutung, weil von der jeweiligen Normalgröße sein tatsächliches Lohneinkommen mitbestimmt wird; der Arbeitnehmer wird darüber hinaus in der Art und Weise, *wie* die Normalgrößen bestimmt werden, einen *Prüfstein für die Lohngerechtigkeit im Betriebe überhaupt* erblicken. Der Leistungswille hängt sicherlich in starkem Maße von der Genauigkeit der Leistungsnormen ab.

Kosiol[68] hat die Forderung nach einer genauen Erfassung der Normalgrößen „das *Prinzip der exakten Normalgrößenbestimmung*" genannt.

2. Verfahren der Normalgrößenbestimmung

In den folgenden Ausführungen soll gezeigt werden, *in welcher Weise* die Normalgrößen, ausgedrückt in Zeiteinheiten pro Mengeneinheit, bestimmt werden können. Es geht also um die Ermittlung der Normalzeit, die dem einzelnen Arbeitenden im Rahmen eines Lohnverfahrens als Grundlage der Leistungsentlohnung vorgegeben werden soll.

Die modernen Verfahren zur Bestimmung der Normalgrößen sind insbesondere von Bedaux und dem Reichsausschuß für Arbeitsstudien (Refa) entwickelt worden. In Deutschland haben zur Zeit die Arbeiten des Refa die weiteste Verbreitung und größte Anerkennung gefunden[69]. Auf das Bedaux-System, das außer der Normalgrößenermittlung auch andere Maßnahmen zur Lohnfestsetzung einschließt, soll hier nicht näher eingegangen werden[70].

Das Verfahren des Refa ist kurz folgendes: Nach einer Analyse der Arbeit, der Erfassung der Zeitbeanspruchung für die Arbeitselemente, der Schätzung des Leistungsgrades, der Berücksichtigung von gewissen Verteil- und Erholungszeiten wird die Normalzeit für die einzelnen Arbeiten ermittelt und vorgegeben.

a) Zeitgliederung

Zur Ermittlung der Normalzeit empfiehlt sich eine Aufteilung des Arbeitsablaufs in einzelne Elemente, denn es ist sehr schwierig, die normale Dauer einer Arbeit global zu bestimmen. Je nach Umfang und

---

[68] Kosiol, Erich, a. a. O., S. 66.

[69] Vgl. die diesbezügliche Umfrage des Ifo-Instituts für Wirtschaftsforschung, veröffentlicht in: Refa-Nachrichten, Zeitschrift für Arbeitsstudien, 9. Jahrgang, Heft 3, Darmstadt 1956, S. 91 bis 94. Vgl. ferner: Pechhold, E.: Weitere Ergebnisse der Ifo-Erhebung über die Verbreitung des Arbeitsstudiums. Refa-Nachrichten, Zeitschrift für Arbeitsstudien, 9. Jahrgang, Heft 4, Darmstadt 1956, S. 147.

[70] Es wird auf die ausführliche Literatur über das Bedaux-System hingewiesen, insbesondere auf:
Rochau, Erwin: Das Bedaux-System, seine praktische Anwendung und kritischer Vergleich zwischen Refa- und Bedaux-System. Dissertation Technische Hochschule Stuttgart 1938; Stein, Fritz: Die betriebswirtschaftliche Bedeutung und Auswirkung des Bedaux-Systems. Dissertation Gießen 1932; Unteutsch, Wilhelm: Das Bedaux-System und seine Kritik. Dissertation Technische Hochschule Aachen 1935; Waldecker, Aloys: Ein Vergleich zwischen Bedaux-System und Refa-Methode. Dissertation Köln 1948.

Dauer wird der Arbeitsgang in Arbeitsverrichtungen zerlegt, die eine Zeitmessung ermöglichen. Die Aufteilung eines Arbeitsablaufs soll nur so weit getrieben werden, daß die Teilzeit mit dem Meßgerät genau gemessen werden kann.

Nach Refa läßt sich die Gesamtzeit der Fertigung eines Auftrages in folgender Weise einteilen[71]:

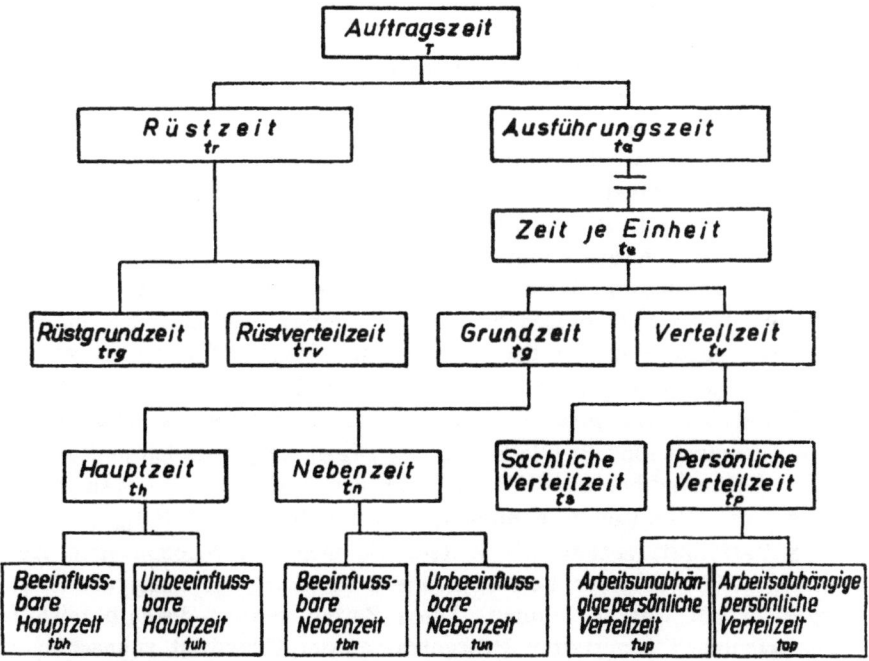

Die einzelnen Teilzeiten sollen nun kurz erläutert werden[72].

Die **Auftragszeit** T ist derjenige Zeitbedarf, den ein Betriebsangehöriger für die ordnungsmäßige Erledigung eines ihm übertragenen Arbeitsauftrages (oder Teilauftrages) bei Normalleistung benötigt. Aus der Auftragszeit ergibt sich unter Berücksichtigung eines gegebenenfalls erforderlichen Erholungszuschlages die Vorgabezeit.

Die **Rüstzeit** t_r ist die Zeit, die der Vorbereitung des Arbeitsvorganges, des Arbeitenden, des Arbeitsplatzes, der Maschine, des Werkzeuges, des Rohstoffes und des Werkstückes dient. Außerdem ist die Zeit einbezogen, die zur Abrüstung, d. h. zur Rückversetzung in den ursprünglichen Zustand, nach Fertigstellung des Auftrages benötigt

71 Das Refa-Buch, Bd. 2: Zeitvorgabe. München 1952, S. 11 ff.

72 Nach: 2. Refa-Buch, erweiterte Einführung in die Arbeitszeitermittlung. Berlin 1939, S. 21 ff. (unter Berücksichtigung der neueren Refa-Terminologie) und Das Refa-Buch. Bd. 2, a. a. O., S. 11 ff.

wird. Die Rüstzeit fällt bei einem Auftrag meist nur einmal an. Sie ist in der Regel unabhängig von der Stückzahl. Die Ausführungszeit t_a ist die Zeit, die für die Arbeit an allen Einheiten (Stücken) des Auftrages insgesamt vorgegeben wird. Sie hängt von der Auflagengröße des Auftrages ab. Bei Mehrfachfertigung ist die Art ihrer Abhängigkeit von der Stückzahl durch die Stückfolge gegeben. Hierbei unterscheidet man Hintereinanderschaltung (mit oder ohne positive Zwischenzeit), Überlagerung oder Parallelschaltung[73].

Es sind hier ferner (die in der Skizze nicht angegebene) Einzelzeit, Zwischenzeit und Folgezeit zu erwähnen. Die Einzelzeit ist die Zeit von Beginn bis Beendigung der Veränderung an der einzelnen Einheit. Als Zwischenzeit wird die Zeit bezeichnet, die zwischen dem Ende der Bearbeitung an einer Einheit und dem Beginn der Bearbeitung an der nächsten Einheit liegt. Sie kann positiv, negativ oder gleich Null sein. Unter Folgezeit versteht man die Zeit von Beginn der Veränderung an einem Stück bis zum Beginn derselben Veränderung an der folgenden Einheit[74]. Einzelzeit, Zwischenzeit und Folgezeit sind Begriffe, die sich unter dem Gesichtspunkt des Arbeits- und Werkstoffflusses ergeben[75].

Die Zeit je Einheit t_e ist die Zeit, die für die Ausführung der Arbeit je Einheit benötigt wird. Sie ist von der Auftragsgröße unabhängig.

Die Grundzeit umfaßt alle Zeiten, die regelmäßig anfallen und jeweils durch Zeitaufnahme oder Berechnung ermittelt werden. Man unterscheidet die Grundzeit je Einheit t_g und die Rüstgrundzeit t_{rg}.

Die Verteilzeit enthält die Zeiten, die wegen unregelmäßigen Auftretens nicht bei jeder Zeitaufnahme oder Zeitberechnung ordnungsgemäß erfaßt werden können. Diese Zeiten werden deshalb mithilfe eines gesondert ermittelten Prozentsatzes der Grundzeit zugeschlagen. Die Verteilzeit je Einheit t_v und die Rüstverteilzeit t_{rv} werden unterschieden.

Die Grundzeit je Einheit t_g kann weiter aufgegliedert werden, und zwar in die Hauptzeit t_h und in die Nebenzeit t_n. Die Hauptzeit t_h ist derjenige Teil der Grundzeit je Einheit, bei dem ein unmittelbarer Fortschritt an den einzelnen Einheiten im Sinne des Auftrages entsteht. Als Nebenzeit t_n wird derjenige Teil der Grundzeit je Einheit bezeichnet, der zwar regelmäßig auftritt, aber nur mittelbar zu einem Fortschritt im Sinne des Auftrages beiträgt.

---

[73] Hundertmark, Gerhard, a. a. O., S. 82.

[74] Euler, Hans: Die betriebswirtschaftlichen Grundlagen und Grundbegriffe des Arbeits- und Zeitstudiums. Grundlagen und Praxis des Arbeits- und Zeitstudiums, Bd. 2, herausgegeben von Erwin Bramesfeld, Hans Euler und Kurt Pentzlin, München 1949, S. 33 f.

[75] Euler, Hans: Die betriebswirtschaftlichen und begrifflichen Grundlagen des Arbeits- und Zeitstudiums. In: Böhrs-Bramesfeld-Euler: Einführung in das Arbeits- und Zeitstudium. Grundlagen und Praxis des Arbeits- und Zeitstudiums, Bd. 1, München 1948, S. 54.

Eine andere (in der Skizze nicht angeführte) Gliederung teilt die Grundzeit in die Tätigkeitszeit und die Wartezeit ein. Bei den Tätigkeitszeiten handelt es sich um Zeiten, die dem Arbeitenden für die von ihm laut Anweisung auszuführenden Arbeitsverrichtungen vorzugeben sind. Wartezeiten werden vorgegeben, wenn das Zusammenwirken von Arbeitskraft, Betriebsmittel und Werkstoff unter den gegebenen Umständen nicht ohne Zeitverluste bei der Arbeitskraft möglich ist.

Für die Bestimmung der Vorgabezeit ist noch besonders die Unterscheidung der beeinflußbaren und unbeeinflußbaren Zeiten von Bedeutung[76]. Beeinflußbar sind solche Zeiten, die der Arbeitende durch Leistungsentfaltung beeinflussen, also z. B. verkürzen kann. Diese Möglichkeit besteht bei den unbeeinflußbaren Zeiten nicht. Sowohl die Einzelzeiten als auch die Zwischenzeiten können in beeinflußbare und unbeeinflußbare Zeiten gegliedert werden.

Die Einteilung der Haupt- und Nebenzeit nach dem Gesichtspunkt der Beeinflußbarkeit führt zu der beeinflußbaren (t_{bh}) und unbeeinflußbaren Hauptzeit (t_{uh}) sowie zu den Begriffen beeinflußbare Nebenzeit (t_{bn}) und unbeeinflußbare Nebenzeit (t_{un}).

Zwei Arten von Verteilzeiten werden unterschieden: die sachlich bedingten (z. B. Instandhaltung von Maschinen) und die persönlich bedingten Verteilzeiten, die wieder in arbeitsunabhängige und arbeitsabhängige persönliche Verteilzeiten gegliedert werden. Die arbeitsunabhängigen persönlichen Verteilzeiten beziehen sich auf die notwendig auftretenden und zu entgeltenden Bedürfnisse des Arbeitenden, während die arbeitsabhängigen persönlichen Verteilzeiten die Erholungszeiten berücksichtigen, soweit sie nicht in einem besonderen Erholungszuschlag enthalten sind.

Alle Zeiten, die bei richtiger Einhaltung der Arbeitsanweisungen und der sonstigen betrieblichen Regelungen, also bei pflichtgemäßem Verhalten, vermieden werden können, werden nicht in die Vorgabezeit aufgenommen[77].

b) Zeitermittlung

Bei der Zeitermittlung handelt es sich zunächst um die Gewinnung von Ist-Zeiten. Die Aufnahmezeit ist die Zeit, die tatsächlich während eines bestimmten Arbeitsvorganges ermittelt wurde. Diese Ist-Zeit bildet die Grundlage der Leistungsvorgabe. Aus der Aufnahmezeit wird durch kritische Prüfung und Bereinigung die von Zufälligkeiten unbeeinflußte Auswertungszeit gewonnen. Sie wird unter Berücksichtigung der beobachteten Leistungsgrade in die Vorgabezeit umgewandelt.

---

[76] Siehe S. 61, S. 72/73 und S. 88.
[77] Vgl. S. 55, Fußnote 72.

Zur Zeitermittlung stehen vier Methoden zur Verfügung:

1. das genaue Messen,
2. das Schätzen,
3. das Rechnen und
4. das Vergleichen.

Das sicherste Verfahren für die Ermittlung der Ist-Zeit ist zweifellos die *Meßmethode*. Es kommen Stoppuhren und andere Zeitmeßgeräte zur Anwendung. Mit ihrer Hilfe wird gemessen, wieviel Zeit ein bestimmter Betriebsangehöriger für die Ausführung einer Arbeit tatsächlich braucht. Dabei kann ein grobes Verfahren angewendet werden, indem die Gesamtzeit eines Arbeitsganges gemessen wird. Die verfeinerte Methode besteht darin, jede Teilverrichtung für sich zu messen.

Voraussetzung für eine Zeitaufnahme zum Zwecke der Leistungsvorgabe ist, daß die Arbeit technisch und organisatorisch vorgabereif ist und daß sie von dem Ausführenden beherrscht wird. Die Zeitaufnahmen sollen mehrmals und von verschiedenen Zeitnehmern zu verschiedenen Zeiten bei verschiedenen ausreichend eingearbeiteten Arbeitskräften durchgeführt werden, damit die Ermittlung einer möglichst objektiven Ist-Zeit gewährleistet ist.

Wenn die aufgenommenen Zeiten verhältnismäßig große Streuungen aufweisen, muß überlegt werden, worauf diese Tatsache zurückzuführen ist. Häufig ist in solchen Fällen eine Arbeit technisch oder organisatorisch noch nicht vorgabereif oder wird von der beobachteten Arbeitskraft noch nicht beherrscht. Dann muß nach Beseitigung der Mängel die Zeit neu aufgenommen werden.

Die Zeitermittlung durch Messen ist jedoch nicht immer wirtschaftlich vertretbar; es kann der Fall vorliegen, daß der Aufwand einer solchen Zeitermittlung größer ist als der Nutzen, den der Betrieb durch eine genaue Zeitmessung haben würde. In diesen Fällen kann die Methode des *Schätzens* angewandt werden, die allerdings ihrem Wesen nach nicht so objektiv ist wie das Meßverfahren. Es kommt daher alles darauf an, *so objektiv wie möglich* zu schätzen.

Das kann durch eine entsprechende Auswahl und Ausbildung sowie durch Selbst- und Fremdkontrolle der Zeitnehmer geschehen. Das erfahrungs- und kenntnisbegründete, nicht das erlebnis- und vorstellungsmäßige Schätzen der Arbeitszeiten hat sich als ein recht sicheres Verfahren erwiesen[78]. Außerdem gewinnt die Schätzung an Sicherheit, wenn statt des summarischen Schätzens ein analytisches angewandt wird, wenn also statt der Arbeitszeit im ganzen Teilzeiten geschätzt werden[79].

---

[78] Bramesfeld, Erwin: Das Schätzen von Arbeitszeiten. In: Böhrs-Bramesfeld-Euler: Einführung in das Arbeits- und Zeitstudium. a. a. O., S. 97.
[79] Bramesfeld, Erwin: Das Schätzen von Arbeitszeiten. a. a. O., S. 97.

Bei manchen Arbeiten oder Teilverrichtungen ist eine Zeitmessung nicht erforderlich, weil die Zeiten durch Rechnen nach einer Formel oder aus einmalig entwickelten graphischen Darstellungen oder Tabellen gewonnen werden können, was z. B. bei den meisten rein maschinellen Arbeitsgängen der Fall ist[80].

Das Vergleichen hat den Zweck, durch Zwischenwertbildung (Interpolation) aus den aufgenommenen Zeiten möglichst genaue Unterlagen für die Zeitermittlung von gleichartigen, aber in der Größe abweichenden Werkstücken zu schaffen[81].

Es ist nun nicht so, daß alle Zeiten, die bei der Darstellung der Zeitgliederung angeführt wurden, exakt gemessen werden können. In der Regel ist lediglich die Grundzeit genau zu ermitteln. Die Bestimmung der Verteilzeiten stößt auf große praktische Schwierigkeiten, weil diese Zeiten unregelmäßig anfallen. Die Verteilzeiten lassen sich nicht als absolute Zeitbeträge den Grundzeiten zurechnen, sie werden inform eines Prozentzuschlages berücksichtigt.

Eine exakte Aufnahme der Verteilzeiten müßte auf einen längeren Zeitraum ausgedehnt, mehrmals vorgenommen und für jede Arbeit und jede Arbeitskraft gesondert durchgeführt werden. Wenn eine solche Zeitaufnahme zu schwierig oder zu kostspielig erscheint, begnügt man sich häufig mit einem Verteilzeitzuschlag von 8 bis 15 %, ohne eine Begründung für die angewandten Prozentsätze zu geben[82]. Das führt aber leicht zu Unstimmigkeiten in der Belegschaft. Die Betriebsangehörigen wollen wissen, wie der Verteilzeitzuschlag zustandegekommen ist. Es müssen deshalb langfristige Verteilzeitstudien und -aufnahmen vorgenommen werden[83].

Nur solche Zeiten gelten als Verteilzeiten, die sich normalerweise nicht vermeiden lassen. Alle vom Arbeitenden vermeidbaren Zeitaufwände sind „Verlustzeiten" und werden nicht in die Normalzeit aufgenommen.

Der Verteilzeitzuschlag setzt sich aus einem Zuschlag für die sachlich bedingte, die arbeitsunabhängige persönliche und die arbeitsabhängige persönliche Verteilzeit zusammen. Die Ermittlung der sachlich bedingten und der arbeitsunabhängigen persönlichen Verteilzeiten ist meist lediglich eine Frage der Dauer der Zeitaufnahme und der statistischen Auswertung[84].

---

[80] Böhrs, Hermann: Zeitstudien und Vorgabezeit. In: Böhrs-Bramesfeld-Euler: Einführung in das Arbeits- und Zeitstudium. a. a. O., S. 93.
[81] 2. Refa-Buch, a. a. O., S. 98 ff.
[82] Peters, Waldemar: Betriebswirtschaftliche Probleme eines gerechten Lohnes. Dissertation Köln 1952, S. 94.
[83] Vgl. auch Bramesfeld, E.: Die Objektivität refamäßig ermittelter Vorgabezeiten. Refa-Nachrichten, Zeitschrift für Arbeitsstudien, 9. Jahrgang, Heft 1, Darmstadt 1956, S. 2.
[84] Bedorf, Heinz: Die Bestimmung der Arbeitsmenge. Dissertation Köln 1953, S. 111.

Der Zuschlag für die arbeitsabhängige persönliche Verteilzeit, der die notwendigen arbeitsbedingten Erholungszeiten berücksichtigen soll, läßt sich im allgemeinen nur nach Erfahrungssätzen bemessen. Weil die einzelnen Arbeitsverrichtungen eines Arbeitsganges häufig eine verschiedene Anstrengung erfordern und dementsprechend eine unterschiedliche Ermüdung hervorrufen, soll der Erholungszuschlag für die einzelnen Arbeitsverrichtungen gesondert ermittelt und den jeweiligen Teilzeiten zugeschlagen werden. Der Ermüdungszuschlag muß sich auf die Normalleistung beziehen. Bei Schwerarbeit versucht man, die Erholungszeit mithilfe physiologischer Studien (Kalorienverbrauch, Pulsfrequenzmessungen) zu bestimmen[85].

Da die arbeitsunabhängige persönliche Verteilzeit und andere unbeeinflußbare, regelmäßige Arbeitsunterbrechungen gleichzeitig auch der Erholung dienen, werden diese Zeiten auf die erforderliche Erholungszeit angerechnet.

Die Zeitermittlung läßt sich also in der Regel nur bei den Grundzeiten exakt durchführen. Die Zuschläge müssen mehr oder weniger grob geschätzt werden. Von der Genauigkeit dieser Schätzungen hängt bis zu einem gewissen Grade die Richtigkeit der vorzugebenden Normalzeit ab.

c) Leistungsgradschätzen

Mithilfe der im letzten Abschnitt angeführten Methoden werden Arbeitszeiten gewonnen, die von einem oder mehreren Arbeitenden an irgendwelchen Arbeitsplätzen tatsächlich gebraucht wurden. Diese Ist-Zeiten können aber nicht ohne weiteres als Normalzeiten vorgegeben werden. Sie weisen oft beträchtliche Schwankungen auf. Es ist erforderlich, die Ist-Zeiten in Soll-Zeiten umzuwandeln; aus den tatsächlich ermittelten Zeiten müssen Normalzeiten gewonnen werden.

Die Ist-Zeiten sind durch irgendeine Arbeitsintensität der beobachteten Arbeitskraft zustandegekommen. Die Arbeitsintensität findet ihren Niederschlag in Menge und Güte der Arbeitsleistung. Um eine Normalzeit vorgeben zu können, muß aber eine normale Arbeitsintensität die Grundlage bilden. Die normale Intensität äußert sich in der schon gekennzeichneten Normalleistung, der Leistung also, die von einem Arbeitenden bei zureichender Eignung, voller Geübtheit, nach Einarbeitung und Gewöhnung sowie bei befriedigendem auf die Dauer ohne Gesundheitsschädigung durchhaltbarem Kräfteeinsatz erbracht werden kann.

Das Verhältnis der beobachteten Leistung zur so gekennzeichneten Normalleistung bezeichnet man als Leistungsgrad. Die effektive Lei-

---

65 Das Refa-Buch, Bd. 2: Zeitvorgabe. a. a. O., S. 37 ff.

stung wird in Prozenten der Normalleistung ausgedrückt. Als normal gilt ein Leistungsgrad von 100 %.

Der jeweilige Leistungsgrad ergibt sich nach der Formel[86]:

$$(8) \qquad \text{Leistungsgrad} = \frac{\text{beobachtete Leistung}}{\text{Normalleistung}} \cdot 100$$

Bei übernormaler Leistung liegt der Leistungsgrad über 100 %, bei unternormaler Leistung liegt er unter 100 %.

Es ist nicht möglich, den Leistungsgrad zu messen. Er muß deshalb geschätzt werden.

Das Leistungsgradschätzen hat nur Sinn bei den beeinflußbaren Zeiten des Arbeitsablaufs, während der unbeeinflußbaren Zeiten kann sich die persönliche Arbeitsanstrengung ja nicht auswirken. Die unbeeinflußbaren Zeiten müssen mit ihrer tatsächlichen normalen Dauer in die Vorgabezeit einbezogen werden.

Derjenige, der den Leistungsgrad eines arbeitenden Menschen schätzt, muß eine klare Vorstellung von der Höhe der Normalleistung haben. Diese klare Vorstellung von der Normalleistung läßt sich nur durch Übung im Leistungsgradschätzen und durch Beobachten und Vergleichen menschlicher Arbeitsleistungen, also durch Erfahrungen, gewinnen[87]. Nur, wenn man diese Erfahrung hat, ist es möglich festzustellen, um wieviel Prozent die effektive Leistung von der Normalleistung nach oben oder unten abweicht.

Bei der Ermittlung des Leistungsgrades kommt es darauf an, die Mängel der Schätzmethode soweit wie möglich einzuschränken. Kupke ist der Auffassung, daß eine Verbesserung des groben Schätzverfahrens erzielt werden kann, wenn der Leistungsgrad nicht summarisch, d. h. einmal für die ganze Beobachtungsdauer, sondern wiederholt und zwar bei verschiedenen Arbeitsgriffen gesondert geschätzt wird[88].

Weil die Normalleistung zureichende Eignung, volle Geübtheit, Einarbeitung und Gewöhnung voraussetzt, muß beim Schätzen des Leistungsgrades untersucht werden, ob diese Eigenschaften vorliegen oder nicht. Wichtig ist außerdem die Frage, ob der Beobachtete seiner Arbeitskraft absichtlich Zurückhaltung auferlegt. Auch der vielleicht bereits eingetretene Ermüdungsgrad muß beachtet werden. All diese Faktoren sind zu berücksichtigen, wenn die effektive Leistung in Prozenten einer Normalleistung ausgedrückt werden soll.

---

[86] Das Refa-Buch, Bd. 2, a. a. O., S. 21.
[87] Vgl. Das Refa-Buch, Bd. 2, a. a. O., S. 28.
[88] Kupke, Erich: Beiträge zur Frage des Leistungsgrades und der Vorgabezeit. Grundlagen und Praxis des Arbeits- und Zeitstudiums, Bd. 8, herausgegeben von Erwin Bramesfeld, Hans Euler und Kurt Pentzlin, München 1951, S. 36 ff.

Beim Leistungsgradschätzen ist zunächst von bestimmten Begriffen, Leistungsstufen, auszugehen, und erst dann, wenn über die Leistungsstufe Klarheit besteht, ist der Zahlenwert festzusetzen. Die einzelnen Leistungsstufen können etwa in folgender Weise eingeteilt werden[89]:

auffallend gut	130 %
sehr gut	120 %
gut, aber steigerungsfähig .	110 %
normal	100 %
schwach	90 %
sehr schwach	80 %
auffallend schwach	70 %

Obwohl es auf den ersten Blick so aussehen mag, als ob das Leistungsgradschätzen nur ein sehr unsicheres Verfahren zur Ermittlung der Normalzeit sei, lehrt doch die Erfahrung, daß sich die Normalzeit mit dieser Methode recht genau bestimmen läßt. Die Schätzergebnisse, die von verschiedenen geübten und erfahrenen Zeitnehmern bei derselben Arbeitsverrichtung vorgenommen wurden, stimmen oft weitgehend überein[90]. Allerdings muß eine Toleranz in Höhe von $\pm$ 5 % zugestanden werden, weil sich die menschliche Arbeitsleistung eben nicht genauer einstufen läßt[91].

In diesem Zusammenhang sei ein Experiment erwähnt, das an der Freien Universität Berlin durchgeführt wurde[92]. Ein Zeitstudien-Praktiker führte hintereinander Filme vor, in denen Arbeitskräfte bei der Ausführung ihrer Arbeit gezeigt wurden. Es handelte sich um drei verschiedene Tätigkeiten, die jeweils von der gleichen Arbeitskraft, aber bei ganz verschiedenen Leistungsgraden ausgeführt wurden. Jede Arbeit wurde fünfmal bei unterschiedlicher Arbeitsintensität gezeigt, so daß insgesamt 15 Szenen zur Vorführung kamen. Für jede Szene war bereits von erfahrenen Leistungsgradschätzern der Leistungsgrad bestimmt worden. Die Zuschauer trugen nun auf einem Aufnahmebogen die von ihnen geschätzten Leistungsgrade ein. Nach beendigter Filmvorführung wurden die so geschätzten Leistungsgrade mit den „tatsächlichen" Leistungsgraden verglichen.

Dabei zeigte sich, daß die Ergebnisse der im Leistungsgradschätzen ungeübten und unerfahrenen Beobachter zwar gewisse Abweichungen von den „tatsächlichen" Leistungsgraden aufwiesen, daß diese Abweichungen aber nicht sehr beträchtlich waren. (Eine Toleranz von

---

[89] Vgl. Rögnitz, Hans: Refa-Repetitorium. Manuskript, Berlin 1952, S. 9.

[90] Vgl. Gartner, K.: Die menschliche Arbeitsleistung in den USA. Zentralblatt für Arbeitswissenschaft und soziale Betriebspraxis, 9. Jahrgang, Lüneburg 1955, S. 40.

[91] Vgl. Das Refa-Buch, Bd. 2, a. a. O., S. 31.

[92] Im Rahmen der Vorlesung: Schack, Herbert: Lohnpolitik. Gehalten an der Freien Universität Berlin, Wintersemester 1955/56.

± 5 % war zugestanden.) Von den möglichen 15 „richtigen" Ergebnissen wurden im günstigsten Falle 13 erreicht. Das ist natürlich noch ein ungenaues Ergebnis. Wenn man aber bedenkt, daß selbst bei ungeübten Beobachtern die Urteile über bestimmte Leistungsgrade stark übereinstimmen, so erkennt man, daß sich der Leistungsgrad in der gekennzeichneten Weise einigermaßen sicher einstufen läßt und daß offenbar in der Frage der Leistungsgradschätzung eine Einigung erzielt werden kann.

Hat man den Leistungsgrad ermittelt, so wird er inform des Leistungsfaktors mit der Ist-Zeit multipliziert, um so zur Normalzeit zu gelangen[93]:

$$(9) \qquad \text{Leistungsfaktor} = \frac{\text{Leistungsgrad}}{100}$$

$$(10) \qquad \text{Normalzeit} = \text{Istzeit} \times \text{Leistungsfaktor}$$

Die Auswertung und Überprüfung der aufgenommenen Zeiten und der geschätzten Leistungsgrade kann mithilfe bestimmter Verfahren erfolgen. Solche Methoden sind das Mittelwertverfahren, das Zentralwertverfahren, das Häufigkeitsverfahren und das Zeitfolgeverfahren[94].

Bei Verwendung des Mittelwertverfahrens wird aus den verschiedenen Vorgabezeiten, die bei der gleichen Verrichtung ermittelt wurden, das arithmetische Mittel errechnet. Eine Fehlerquelle dieses wegen seiner Einfachheit beliebten Verfahrens besteht darin, daß Extremwerte sehr stark ins Gewicht fallen und damit das Ergebnis verfälschen können.

Im Zentralwertverfahren werden die gefundenen Normalzeiten ihrer Größe nach geordnet. Der in der Mitte der Reihe liegende Wert wird für die weitere Auswertung verwendet. Der Vorteil dieses Verfahrens besteht in der Ausschaltung der Extremwerte. Nachteilig ist andererseits die Tatsache, daß andere Werte zu wenig beachtet werden.

Das Häufigkeitsverfahren besteht darin, daß aus den ermittelten Zeiten die am häufigsten vorkommende ausgewählt wird. Der dichteste Wert repräsentiert stets eine Zahl, die auch als Einzelwert auftritt.

Beim Zeitfolgeverfahren werden die Werte entsprechend der zeitlichen Reihenfolge ihres Anfalls aufgezeichnet. Auf diese Weise können die Zahlen ausgeschieden werden, die z. B. unter dem Einfluß der noch nicht wieder erreichten vollen Übung zustandegekommen sind.

Wenn die genannten Verfahren auch die möglichen Fehler, die auf die subjektiven Urteile zurückzuführen sind, nicht völlig beseitigen können, so stellen sie doch ein Mittel dar, den Grad der Exaktheit der aufgenommenen Zeiten und geschätzten Leistungsgrade zu erhöhen.

---

[93] Das Refa-Buch, Bd. 2, a. a. O., S. 30.
[94] Vgl. Böhrs, Hermann: Zeitstudie und Vorgabezeit. a. a. O., S. 91.

d) Leistungsvorgabe

aa) Zeitvorgabe

Wie bereits erwähnt, ergibt sich die Normalzeit aus der ermittelten Ist-Zeit unter Berücksichtigung des Leistungsgrades.

Im einzelnen wird die der Normalleistung entsprechende Vorgabezeit in folgender Weise errechnet: Die Summe aus der mit dem Leistungsfaktor multiplizierten beeinflußbaren Zeit je Einheit und der unbeeinflußbaren Zeit je Einheit ergibt mit dem Verteilzeitfaktor multipliziert die Einzelvorgabezeit. Besteht der Auftrag aus mehreren Einheiten, so entsteht aus dem Produkt von Einzelvorgabezeit und Stückzahl die Ausführungsvorgabezeit. Durch Addition von Ausführungs- und Rüstzeit erhält man die normale Auftragszeit[95].

Diese Rechnung hat jedoch nur in den Fällen Gültigkeit, in denen keine positiven oder negativen Zwischenzeiten auftreten. In der Regel ist die Ausführungsvorgabezeit mithilfe der Folgezeit zu errechnen, die sich aus einer Addition der positiven oder negativen Zwischenzeiten zur Einzelvorgabezeit ergibt. Die Vorgabezeit stellt sich als Produkt von Folgezeit und Stückzahl unter Hinzufügung der Rüstzeit dar[96].

Auf welche Einheit man die Vorgabezeit bezieht (z. B. 1 Meter, 1000 Stück, 1 Tonne), hängt von der jeweiligen Arbeit ab. Die Rüstzeiten werden grundsätzlich auf einen Auftrag oder Teilauftrag bezogen. Bei der Wahl der Einheit ist zu beachten, daß die erstellten Mengen einwandfrei erfaßt und verrechnet werden können.

bb) Mengenvorgabe

Dem Arbeitenden kann eine Normalzeit pro Mengeneinheit, aber auch eine Normalmenge pro Zeiteinheit vorgegeben werden. In beiden Fällen sind die Verfahren zur Ermittlung der Normalleistung dieselben. Es wird von einem gegebenen Auftrag ausgegangen und festgestellt, wieviel Zeit zu seiner Erledigung normalerweise benötigt wird. Das Ergebnis der Zeitstudien sei die Normalzeit t_0 pro Stück. Soll nun nicht eine Normalzeit pro Mengeneinheit, sondern eine Normalmenge q_0 pro Zeiteinheit vorgegeben werden, so erhält man die Mengenvorgabe q_0 aus

(11) $$q_0 = \frac{t_0}{1}.$$

cc) Qualitätsvorgabe

Auch die Vorgabe einer Normalzeit zielt letztlich auf die Erstellung einer bestimmten Mengenleistung ab. Es muß aber darauf geachtet werden, daß die bearbeiteten Mengeneinheiten eine bestimmte Qualität

---

[95] Euler, Hans: Die betriebswirtschaftlichen und begrifflichen Grundlagen des Arbeits- und Zeitstudiums. a. a. O., S. 55.
[96] Euler, Hans, a. a. O., S. 55.

aufweisen. Darum ist der Vorschlag gemacht worden, nicht nur die Normalzeit (Normalmenge), sondern auch eine Normalgüte vorzugeben[97].

Dabei tritt wiederum die Frage nach der Art der Bestimmung des Normalen auf. Als Ausgangspunkt für die Bestimmung einer Normalgüte können die Bearbeitungsfehler dienen, die gemacht werden. Dabei ist zu bedenken, daß Fehlarbeit nicht nur die Folge von Arbeitsfehlern, sondern auch von Material- oder Werkzeugmängeln sein kann. Wenn die Bearbeitungsfehler auf die Arbeitsleistung zurückzuführen sind, muß die normale Fehlerquote bestimmt werden. Sie hängt von der Schwierigkeit der jeweils zu verrichtenden Arbeit sowie von der Möglichkeit des Arbeitenden ab, den Arbeitsvorgang zu beeinflussen[97].

Für jeden Arbeitsvorgang muß deshalb die Normalgüte gesondert festgelegt werden. Das kann dadurch geschehen, daß die auftretenden Fehler für einen längeren Zeitraum nach Fehlerarten aufgespalten, statistisch erfaßt und die Ursachen ihrer Entstehung erforscht werden.

Ist auf diese Weise die Normalgüte festgelegt, so läßt sich der Gütegrad, das Verhältnis zwischen Ist- und Normalgüte, bestimmen. Ebenso wie die Normalzeit kann dann auch die Normalgüte vorgegeben werden; die jeweiligen Abweichungen von der Normalgüte werden später im Entgelt berücksichtigt.

Es sei darauf hingewiesen, daß dieses komplizierte Verfahren zur Berücksichtigung der Leistungsqualität in der Regel entbehrt werden kann, wenn durch die Wahl einer geeigneten Lohnform die Leistungsgüte nicht zwangsläufig gefährdet wird.

Abschließend kann zu den Verfahren der Normalgrößenbestimmung gesagt werden, daß die vom *Refa* erarbeiteten Methoden als *befriedigend* angesehen werden können. Sie tragen den *praktischen Bedürfnissen* Rechnung und *ermöglichen nach allgemeiner Auffassung* eine *hinreichend genaue Vorgabe der Normalleistung.*

---

[97] Vgl. Gutenberg, Erich: Grundlagen der Betriebswirtschaftslehre. a. a. O., S. 51/52.

C. Die Lohnformen[1]

I. Zeitlohn

Der Zeitlohn tritt unter verschiedenen Bezeichnungen auf. Man kennt ihn als Stunden-, Schicht-, Tage-, Wochen-, Dekaden- oder Monatslohn. Bei Angestellten und Beamten spricht man in der Regel von Monats- oder Jahresgehalt[2]. In all diesen Fällen dient aber die Zeit als Bemessungsgrundlage für die Entlohnung, und es wird für eine feste Zeiteinheit ein bestimmter Lohnsatz festgelegt.

Das bedeutet nun nicht, daß die Zeit als solche bezahlt werden soll. „Vielmehr stellt auch der Zeitlohn, wie letztlich jeder Lohn, den Gegenwert für eine Leistung: einen ‚Leistungslohn' dar."[3] Die tatsächliche Arbeitszeit ist eben nur Bemessungsgrundlage, Maßstab für die Leistung. „Man wird daher den Zeitlohn zweckmäßig auch als mittelbaren Lohn bezeichnen können."[3]

Wie ist nun die Art der Lohnbemessung, die innere Struktur des Zeitlohnes, beschaffen?[4]

Wird in einem rechtwinkligen Koordinatensystem auf der Abszisse die Zeit t, die für die Erstellung einer Leistungseinheit, eines Stückes,

---

[1] Vgl. S. 12, Fußnote 8.

[2] Diese Unterscheidung ist weniger ökonomisch als vielmehr soziologisch von Bedeutung. Vgl. Bülow, Friedrich: Volkswirtschaftslehre. a. a. O., S. 415.

[3] Kosiol, Erich: Theorie der Lohnstruktur. a. a. O., S. 6.
Es ist an früherer Stelle (S. 31) schon erwähnt worden, daß vielfach der Stücklohn als leistungsmengenabhängiger Lohn dem Zeitlohn als leistungsmengenunabhängigem Lohn gegenübergestellt wird und daß gleichzeitig damit die nach unserer Meinung falsche Vorstellung verbunden wird, der Zeitlohn sei kein Leistungslohn. Daß der Zeitlohn als Leistungslohn angesehen werden muß, bringt Henzler besonders deutlich zum Ausdruck, indem er sagt: „Sowohl beim leistungsunabhängigen, genauer: bei dem von Leistungsschwankungen unabhängigen Zeitlohn als auch beim leistungsabhängigen Stücklohn wird eine Beziehung zwischen Zeit und Leistung hergestellt: beim Zeitlohn wird von einer angenommenen Normalleistung in der Zeiteinheit, beim Stücklohn von einer Leistungseinheit unter Berücksichtigung der hierfür erforderlichen Normalzeit ausgegangen." (Henzler, Reinhold: Leistung und Lohn. Leistungswirtschaft. Festschrift für Fritz Schmidt, herausgegeben von Fr. Henzel, Berlin/Wien 1942, S. 92.)
Auf diesen Zusammenhang hat übrigens schon David F. Schloss im einzelnen hingewiesen. Vgl. Schloss-Bernhard: Handbuch der Löhnungsmethoden. Leipzig 1906, S. 4 ff.

[4] Auf die Probleme der Lohnkosten soll in dieser Arbeit nicht eingegangen werden. Zur Untersuchung der Lohnformen als Mittel der Leistungsentlohnung, zur Darstellung der Wirkungen der Lohnstruktur auf die menschliche Arbeitsleistung, ist nur die Untersuchung des Stundenverdienstes erforderlich.

verwandt wird, und auf der Ordinate der Lohnsatz — etwa inform des Stundenverdienstes s — abgetragen, so ergibt sich folgende Darstellung[5]:

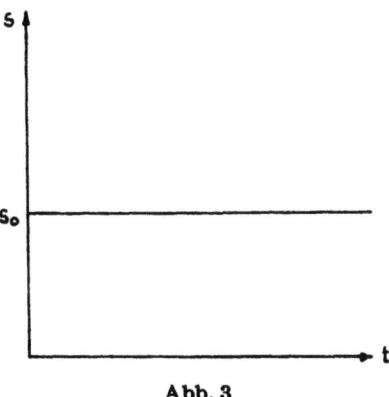

Abb. 3

Die Stundenverdienstkurve verläuft parallel zur Zeitachse, und zwar in Höhe des festgelegten Stundenverdienstes s_0. Der Stundenverdienst ist unabhängig von der Zeit, die für die Erstellung eines Stückes gebraucht wird[5].

Ist die Menge q, die in einer Zeiteinheit erstellt wird, die unabhängige Veränderliche, so ergibt sich folgendes Bild[6]:

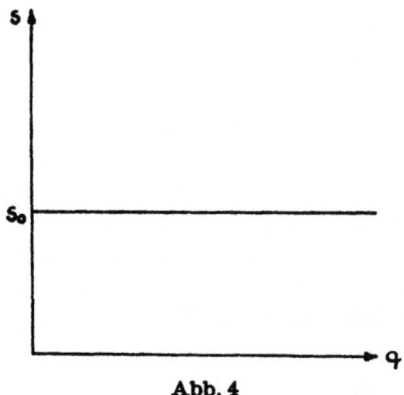

Abb. 4

Wieder verläuft die Stundenverdienstkurve in Höhe des festgesetzten Stundenverdienstes parallel zur Abszisse. Der Stundenverdienst ist unabhängig von der pro Zeiteinheit erstellten Leistungsmenge.

---

[5] Nach Kosiol, Erich: Theorie der Lohnstruktur. a. a. O., S. 6/7.
[6] Nach Kosiol, Erich, a. a. O., S. 17.

5*

Für beide Darstellungen gilt der Zusammenhang[7]

(12) $s = s_0$.

Nur wurde im ersten Falle die zeitliche, im zweiten Falle die quantitative Arbeitssteigerung untersucht[8].

Aus diesen Darlegungen geht hervor, daß bei Verwendung des Zeitlohnes individuelle Leistungsschwankungen, die sich im Arbeitsergebnis mengenmäßig niederschlagen, durch die Lohnstruktur nicht berücksichtigt werden. Es wird der gleiche Stundenverdienst erzielt, gleichgültig, ob die Leistungszeit pro Stück verkürzt oder die Menge in der Zeiteinheit gesteigert wird oder nicht. Daraus ergibt sich, daß die *Struktur* des Zeitlohnes *keinen* Anreiz zur Leistungsmengensteigerung bietet[9].

Wenn aber ein Ansporn zur Mengensteigerung fehlt, so ist damit gleichzeitig die Möglichkeit gegeben, der Qualität der zu erstellenden Leistungen eine erhöhte Aufmerksamkeit zu widmen. Wegen des Fehlens eines Anreizes zur Mengensteigerung fördert also der Zeitlohn indirekt die qualitative Leistungssteigerung[10].

Gleichzeitig ist die Gefahr einer Überanstrengung des Arbeitenden nahezu ausgeschaltet. Er wird nicht angeregt, seine Kräfte übernormal anzuspannen, so daß die Permanenz der Leistung gewährleistet ist[11].

Zusammenfassend läßt sich also sagen, daß der Zeitlohn aufgrund seiner Struktur die mengenmäßige Leistungssteigerung hemmt, die qualitative Arbeitssteigerung fördert und die Permanenz der Leistung gewährleistet. Kosiol[12] hat den Zeitlohn wegen des Fehlens eines direkten Ansporns zur Quantitätssteigerung und der damit verbundenen mittelbaren Förderung der Qualitätsleistung einen „negativen Qualitätslohn" genannt.

Bei einer Betrachtung der Struktur des Zeitlohnes unter dem Gesichtspunkt der Äquivalenz von Lohn und Leistung ergibt sich folgendes Ergebnis: Der Zeitlohn kann dann als zweckmäßig angesehen werden, wenn die Leistung des einzelnen Arbeitenden eine gewisse Konstanz aufweist, so daß eine Anpassung des Lohnes an individuelle Leistungsschwankungen des jeweiligen Arbeitenden unnötig wird. Die Zeit ist in diesem Falle der beste Maßstab für die Lohnbemessung[13].

Das einzige Problem der leistungsgerechten Entlohnung ist hier darin zu erblicken, den Lohn*satz* nach Maßgabe der *Arbeitsschwierigkeit* fest-

---

[7] Kosiol, Erich, a. a. O., S. 6 und S. 17.

[8] Vgl. S. 16.

[9] Kosiol, Erich, a. a. O., S. 7. Vgl. hierzu auch: Gartner, K.: Die menschliche Arbeitsleistung in den USA. a. a. O., S. 42.

[10] Kosiol, Erich, a. a. O., S. 7/8.

[11] Kosiol, Erich, a. a. O., S. 8.

[12] a. a. O., S. 19.

[13] Vgl. Kosiol, Erich, a. a. O., S. 8.

zulegen und ihn *gegebenenfalls* der *unterschiedlichen persönlichen Leistungshöhe verschiedener Arbeitnehmer,* die die *gleiche* Arbeit verrichten, anzupassen. Die Leistung der einzelnen Betriebsangehörigen kann in etwa konstant, die jeweilige, gleichbleibende Höhe der individuellen Leistung aber eine verschiedene sein. Die Lösung des Problems der leistungsgerechten Entlohnung muß demnach bei Zeitlohn *auf dem Wege über den Lohnsatz* mithilfe der *Arbeits- und Leistungsbewertung* erfolgen[14].

Hier ist nicht an die absolute, sondern an die relative Höhe des Lohnsatzes gedacht. Damit eröffnet sich aber ein weiteres Blickfeld. Es zeigt sich nämlich, daß bei Zeitlohn *zwar aufgrund der Lohnstruktur* zeitliche und quantitative Arbeitssteigerung gehemmt sind, und ein direkter Anreiz zur Leistungssteigerung fehlt, daß diese Wirkungen aber offenbar bis zu einem gewissen Grade *durch die Wirkungen der Lohndifferenzierung ausgeglichen* werden können.

Der Zeitlohnsatz wird zunächst einmal nach der Arbeitsschwierigkeit festgelegt. Je günstiger nun die Proportionen zwischen den einzelnen Zeitlohnsätzen gewählt und je größer die Aufstiegsmöglichkeiten sind, um so mehr wird der Arbeitende geneigt sein, auch bei Zeitlohn die Leistung zu steigern[15]. Diese Leistungssteigerung kann sich beispielsweise in der Arbeitsmenge äußern, so daß bei Verwendung des Zeitlohnes auf dem Wege über einen zweckmäßig gewählten Lohnsatz auch eine Steigerung der Arbeitsmenge erreicht werden kann.

Wenn nun die gleichmäßige persönliche Leistung eines Zeitlöhners ständig über oder unter der Normalleistung liegt, für die der Lohnsatz zunächst festgelegt wurde, so verlangt das Äquivalenzprinzip, daß der Lohnsatz dem tatsächlichen individuellen Leistungsniveau angepaßt wird. Als Grundlage dieser Anpassung dient die Leistungsbewertung. Der Zeitlohnsatz s_o wird bei übernormaler Leistung erhöht ($s_ü > s_o$). Bei einer unternormalen Leistung müßte er gesenkt werden ($s_u < s_o$)[16].

In der graphischen Darstellung (S. 70) zeigen sich die Stundenverdienstkurven, die aufgrund einer Leistungsbewertung zustandekommen, als Parallelen zur normalen Stundenverdienstkurve s_o. Bei normaler Leistung fallen sie mit der Normalverdienstkurve s_o zusammen. Weil zwischen den nach einer Leistungsbewertung festgelegten Lohnsätzen

---

[14] So auch: Roepke, E. A.: Man muß „beim Zeitlohn ... für jedes Können ... und jeden Einsatz ... von Fall zu Fall einen besonderen Lohnsatz s vereinbaren". Roepke, E. A.: Der Arbeitswert, eine natürliche Dimension menschlicher Leistung. Zentralblatt für Arbeitswissenschaft und soziale Betriebspraxis, 8. Jahrgang, Lüneburg 1954, S. 6.

[15] Vgl. auch Abschnitt B I 1.

[16] Siehe aber S. 45.

und dem normalen Lohnsatz eine Differenz besteht, kann man auch von „Differentiallöhnen" sprechen[17].

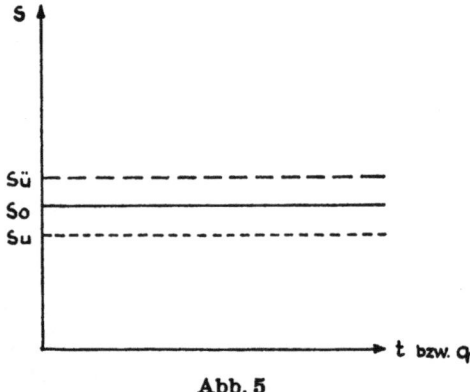

Abb. 5

Wenn nun in einem Betriebe die Zeitlohnsätze nicht nur nach der Arbeitsschwierigkeit, sondern darüber hinaus auch nach der ständigen individuellen Leistung gestaffelt werden, so wird damit *langfristig ein direkter Anreiz zur Arbeitssteigerung* gegeben[18].

Wie sich diese Arbeitssteigerung auf Menge, Qualität und Permanenz der Leistung auswirkt, hängt in erster Linie von der *praktischen Ausgestaltung der Leistungsbewertung* ab. Wenn beispielsweise in einem Leistungsbewertungssystem besonderes Gewicht auf die erstellte Arbeitsmenge gelegt wird, dann ist eine Tendenz zur Leistungsmengensteigerung wirksam, die unter Umständen zu einer gewissen Gefahr für Qualität und Permanenz der Leistung führen kann. Eine Leistungsbewertung, die Mengen- und Güteleistung in gleicher Weise berücksichtigt[19], wird zu einem gleichmäßigen Ansteigen sowohl der mengen- als auch der qualitätsmäßigen Leistung führen, während eine besondere Berücksichtigung der qualitativen Leistung den an sich negativen Qualitätslohn zu einem positiven Qualitätslohn umgestalten kann, weil ein direkter Anreiz zur Qualitätssteigerung geboten wird.

Der *Umfang,* in dem durch die Einführung einer Leistungsbewertung Menge, Qualität und Permanenz der Leistung beeinflußt werden, hängt nicht nur von der gewissenhaften und möglichst exakten Durchführung

---

[17] Nach Peter, Hans: Sind Prämienlöhne Leistungslöhne? a. a. O., S. 74 ff. Peter sieht die Differentiallöhne als „Prämienlöhne ihrem Wesen nach" an, weil die Änderung des normalen Lohnsatzes als Gewährung einer Prämie aufgefaßt werden kann. Gleichzeitig betont Peter aber, daß hier keine neuen Lohnformen vorliegen, sondern daß es sich formell um reine Zeitlöhne handelt.

[18] Vgl. auch Abschnitt B II 1.

[19] Siehe das Beispiel auf S. 48.

der Leistungsbewertung, sondern auch von dem Unterschied zwischen
dem normalen und dem erreichbaren übernormalen Lohnsatz ab. Hier
gilt im wesentlichen das, was schon bei der Darstellung der Lohnproportionierung über die Stärke des Lohnanreizes gesagt wurde[20].
Außerdem ist das Ausmaß der erzielbaren Leistungssteigerung von der
Häufigkeit der Durchführung der Leistungsbewertung abhängig. Je
kürzer die Abstände sind, in denen die persönliche Leistung neu bewertet wird, um so mehr ist die Gewähr für eine leistungsgerechte und
Anreiz bietende Lohnsatzabstufung gegeben. Die langfristige Beibehal-
tung der einmal festgelegten Lohnsätze ohne Leistungsüberprüfung
schwächt den Leistungsanreiz. Es darf eben nichts darüber hinweg-
täuschen, daß bei Zeitlohn ein kurzfristiger, sich ständig zwangsläufig
auswirkender Leistungsansporn fehlt, daß das Prinzip der Kurzfristigkeit des Lohnanreizes hier nur schwer zu verwirklichen ist.

Bisher ist davon ausgegangen worden, daß die Leistung des einzelnen
Zeitlöhners eine gewisse Konstanz aufweise. Das Äquivalenzprinzip läßt
nun den Zeitlohn zweitens als zweckmäßig erscheinen, wenn die Leistung des einzelnen Arbeitenden „derart inkonstant ist, daß eine kontinuierliche Anpassung des Lohnes von vornherein unmöglich ist (Zeit
als einziger Maßstab)"[21]. Hier liegt also der Fall vor, daß nicht nur
die Arbeit verschiedener Arbeitnehmer unterschiedlich ist, sondern daß
auch die Leistung des einzelnen ihrem Wesen nach kurzfristig schwankt.
Weil die Anpassung des Zeitlohnes an diese kurzfristigen Schwankungen nicht möglich ist, muß versucht werden, wenigstens längerfristig
eine leistungsgerechte Entlohnung zu verwirklichen, indem der Lohnsatz
hinsichtlich der Arbeitsschwierigkeit und individuellen Leistung festgelegt wird. Eine möglichst *häufige Überprüfung* des persönlichen Lei-
stungsanteils des Lohnsatzes kann die mangelnde Anpassungsfähigkeit
des Zeitlohnes bis zu einem gewissen Grade ausgleichen und einen
Lohnanreiz schaffen.

Die Untersuchung der Struktur des Zeitlohnes und die Darstellung
der Möglichkeiten, auf dem Wege über die Festlegung des Zeitlohnsatzes
eine allgemeine Leistungssteigerung zu erzielen, lassen erkennen, daß
dem Zeitlohn ein *weites praktisches Anwendungsgebiet* offensteht[22]. Die
Lohnstruktur zeigt zunächst, daß der Zeitlohn dort am Platze ist, wo
Qualität und gewissenhafte Erledigung der Arbeit wichtiger als Arbeitsmenge und Schnelligkeit sind. Indessen kann der Zeitlohn in seiner

---

[20] Siehe S. 21.
[21] Kosiol, Erich: Theorie der Lohnstruktur. a. a. O., S. 8.
[22] Von 84 untersuchten Betrieben beschäftigten 19 Betriebe *sämtliche*
Arbeiter im Zeitlohn (vgl. Goossens, Franz: Die Praxis der Lohnformen.
a. a. O., S. 16). Nach der gleichen Untersuchung war auch in den Betrieben,
die andere Lohnformen anwandten, der Zeitlohn weit verbreitet (S. 16 bis 21).

praktischen Anwendung so gestaltet werden, daß er auch bei Arbeiten anwendbar ist, bei denen eine größere Mengenausbringung erwünscht ist.

Immer wird der Zeitlohn dort angewandt, wo der kontinuierliche Zeitverlauf den besten Maßstab für die Leistung abgibt[23]. Wenn sich eine normale Leistungsmenge oder Arbeitsdauer nicht im voraus bestimmen und vorgeben läßt, muß ebenfalls der Zeitlohn angewandt werden. Der Zeitlohn findet ferner Anwendung, wenn sich die Natur der Arbeit dauernd ändert und die Kontinuität der Arbeit wiederholt unterbrochen ist[23]. Das trifft häufig zu bei Transport- und Lagerarbeiten, außerdem bei manchen Hilfsarbeiten und bei Reparaturarbeiten. Arbeiten, die besondere geistig-schöpferische oder künstlerische Fähigkeiten voraussetzen, können ebenfalls nur im Zeitlohn entlohnt werden; bei ihnen kommt es nicht auf eine „Normalleistung", sondern auf eine „Originalleistung"[24] an. Es muß auch noch erwähnt werden, daß bei besonders gefährlichen Arbeiten der Zeitlohn angewandt wird, um zu verhindern, daß durch einen besonderen Anreiz zur Mengensteigerung Vorsichtsmaßnahmen außer acht gelassen werden, und dadurch Unfälle entstehen.

Mitunter müssen auch Arbeiten, die an sich die Anwendung eines Stück- oder Prämienlohnes gestatten, aus Gründen der kapazitätsmäßigen Anpassung einzelner Betriebsteile im Zeitlohn durchgeführt werden. Der Enquete-Ausschuß bringt hierzu ein Beispiel aus dem rheinischen Braunkohlenbergbau: „Auf Grube Rhein-Tag I wurde im Gruben- wie im Abraumbetrieb während der Berichtszeit im Zeitlohn gearbeitet; im Grubenbetrieb wurden in der Vorkriegszeit[25] neben dem Schichtlohn Leistungsprämien gezahlt; sie mußten indes in Wegfall kommen, weil die Aufnahmefähigkeit der Fabrik der Leistungsmöglichkeit der Grube nicht entsprach und ein Interesse an einer Mehrleistung der Arbeiter deshalb nicht vorlag."[26]

Eine besondere Beachtung verdienen die Fälle, in denen der Arbeitende keinen Einfluß auf die Menge und das Arbeitstempo nehmen kann, weil die Geschwindigkeit der Arbeit zwangsläufig durch die technische Einrichtung des Arbeitsplatzes festgelegt wird. Hier hat es keinen Sinn, eine Entlohnung nach Maßgabe der Leistungsmenge vorzunehmen[27]; die tatsächliche Arbeitszeit ist der geeignete Maßstab für die Leistung. Je

---

[23] Vgl. Kosiol, Erich: Theorie und Lohnstruktur. a. a. O., S. 8.

[24] Den treffenden Ausdruck „Originalleistung" verwendet E. Bramesfeld in: Euler, Hans, Hans Stevens u. a.: Analyse und Bewertung von Angestelltentätigkeiten. a. a. O., S. 7.

[25] Gemeint ist die Zeit vor dem ersten Weltkrieg (Anm. d. Verf.).

[26] Enquete-Ausschuß, Band 3, a. a. O., S. 42.

[27] Vgl. hierzu auch die Umfrage von Franz Goossens: Die Praxis der Lohnformen. a. a. O., S. 27. Vgl. ferner: Goossens, Franz: Lohnformen im Wandel. Mensch und Arbeit, Zeitschrift für betriebliche Sozial- und Wirtschaftspraxis, 4. Jahrgang, Heft 7, München 1952, S. 193 und S. 196.

mehr sich also infolge der Mechanisierung das Schwergewicht von den beeinflußbaren zu den unbeeinflußbaren Zeiten verschiebt, um so mehr wird der Zeitlohn an Bedeutung gewinnen[28]. Das muß besonders heute bedacht werden, wo wir offenbar am Anfang einer technischen und wirtschaftlichen Entwicklung stehen, die durch die Erscheinung der Automatisierung gekennzeichnet ist und deren Verlauf zur Zeit noch nicht übersehen werden kann[29].

Für den Arbeitenden hat der Zeitlohn den Vorteil, daß ihm ein gleichmäßiger Verdienst sicher ist, ohne daß die Gefahr der Überanstrengung besteht. Manche Arbeitnehmer haben gar nicht den Wunsch, daß ihre persönlichen Leistungsänderungen etwa inform der Stückentlohnung Berücksichtigung finden. Dabei kann die Leistung dieser Betriebsangehörigen eine recht gute sein. Trotz aller Verfeinerungen der Leistungsvorgaben erblickt der Arbeitnehmer mitunter in der Tatsache der Stückentlohnung allein schon ein gewisses Antreiben. Er zieht dann den Zeitlohn vor, der die Schwierigkeit seiner Arbeitsleistung entlohnt und der ihm ein angemessenes Einkommen sichert, ohne daß er sich ständig zur Mehrleistung angespornt fühlt. In der Tat stellt ja auch der Zeitlohn in Verbindung mit der Arbeitsbewertung ein Lohnsystem dar, in dem die Leistung des arbeitenden Menschen weitgehend berücksichtigt ist und das sie deshalb günstig beeinflußt. Die Beliebtheit des Zeitlohnes ist nicht zuletzt auf die Entwicklung der Arbeitsbewertungsverfahren zurückzuführen.

II. Stücklohn

Beim Stücklohn (Akkordlohn) dient die Leistungsmenge als Maßstab für die persönliche Leistung. Die individuelle Leistung wird also unmittelbar anhand der erstellten Mengeneinheiten gemessen, so daß der Stücklohn als ein „unmittelbarer Lohn" bezeichnet werden kann[1].

---

[28] Vgl. Burgess, Eugene W.: Betriebsführung auf neuen Wegen. Baden-Badener Gespräche. Herausgegeben vom Bundesverband der Deutschen Industrie und dem Rationalisierungs-Kuratorium der Deutschen Wirtschaft unter Mitwirkung von E. Arthur Boyan, Eugene W. Burgess, E. Henry Niles, Henry L. Nunn und William M. Shephard, München 1952, S. 44 f.

[29] Heitbaum vertritt die Auffassung, daß mit zunehmender Automatisierung diejenigen Lohnformen an Bedeutung verlieren werden, für die Menge und Güte der Leistung den Maßstab abgeben. Insbesondere werde durch die Automation der Akkordlohn überholt werden. (Heitbaum, Heinrich: Lohnermittlung bei fortschreitender Rationalisierung und Automation. Wirtschaftswissenschaftliche Mitteilungen, herausgegeben vom Wirtschaftswissenschaftlichen Institut der Gewerkschaften, Köln 1956, S. 175.) Diese Auffassung ist sicherlich nicht unbegründet. Man darf jedoch nicht vergessen, daß wir gerade erst in den Anfängen der Automatisierung stehen und daß es auch in absehbarer Zeit noch viele Betriebe geben wird, deren technische Ausstattung die Anwendung mengenabhängiger Lohnformen erlaubt.

[1] Kosiol, Erich: Theorie der Lohnstruktur. a. a. O., S. 9.

Auch beim Stücklohn wird von der Vorstellung eines Normallohnes in der Zeiteinheit ausgegangen[2], und zwar in der Regel von einem bestimmten Zeitlohn, der bei normaler Leistung in der Stunde verdient werden soll („Richtsatz"). Dieser gewollte normale Stundenverdienst wird nach Maßgabe der Schwierigkeit der jeweiligen Arbeit festgesetzt[3] und liegt im allgemeinen heute 15 oder 20 % über dem Lohnsatz für eine vergleichbare Zeitlohnarbeit[4].

Es wird dann mithilfe einer Normalgrößenbestimmung ermittelt, wieviel Mengeneinheiten in der Zeiteinheit (Stunde) erbracht werden können, oder wieviel Zeit für die Erstellung einer Mengeneinheit erforderlich ist. Die Division des Verdienstrichtsatzes durch die in der Stunde normalerweise erstellbaren Mengeneinheiten ergibt den Lohnsatz pro Mengeneinheit. Die so bewertete normale Leistungsmenge wird dem Arbeitenden „vorgegeben". Weil hier für die Leistungseinheit ein Geldwert angesetzt ist, spricht man von einem „Geldakkord".

Der Geldakkord hat jedoch den Nachteil, daß der Arbeitende die dem Lohnsatz pro Stück eigentlich zugrundeliegende Normalzeit und den nach der Arbeitsschwierigkeit festgelegten Geldfaktor nicht unmittelbar erkennen kann. Außerdem ergeben sich beim Geldakkord verrechnungstechnische Schwierigkeiten, z. B. dann, wenn die absolute Lohnhöhe geändert wird. In diesem Falle müssen nämlich sämtliche Geldakkorde des Betriebes neu festgesetzt werden.

Daher wird heute der „Zeitakkord" bevorzugt[5]. Hierbei wird dem Arbeitenden statt eines Geldbetrages pro erstellte Einheit für jede ausgebrachte Mengeneinheit die Zeit in Minuten gutgeschrieben, die für die Erstellung des Stückes normalerweise benötigt wird. Die auf diese Weise erzielten Vorgabeminuten werden später in Lohnbeträge umgerechnet, indem die gutgeschriebenen Sollminuten mit dem jeweiligen „Minutenfaktor"[6] multipliziert werden. Der Stücklöhner kann bei diesem Verfahren die Normwerte überblicken. Tritt eine Änderung der Lohnhöhe ein, so bleiben die Vorgabezeiten unverändert; sie werden lediglich bei der Abrechnung mit dem veränderten Minutenfaktor multipliziert.

Das Lohneinkommen eines Stücklöhners wird also durch zwei Komponenten bestimmt: erstens durch den Lohnsatz, der nach Maßgabe der Arbeitsschwierigkeit festgelegt wird (Problem der Arbeitsbewertung), und zweitens durch die effektiv erstellte Leistungsmenge, wobei zu-

---

[2] Vgl. die Gegenüberstellung von Zeitlohn und Stücklohn bei Henzler, Reinhold, a. a. O., S. 91 f.

[3] Vgl. auch Roepke, E. A., a. a. O., S. 9.

[4] Vgl. hierzu S. 22.

[5] Vgl. hierzu Hämmerli, Heinz: Der Zeitakkord. Dissertation Bern 1949, S. 70 ff.

[6] Siehe S. 23.

nächst die Normalmenge oder Normalzeit ermittelt werden muß (Problem der Normalgrößenbestimmung).

Zur Untersuchung der Struktur des Stücklohnes soll wieder die mathematische Betrachtungsweise angewandt werden. Es wird zunächst von einer festen Produktionseinheit ausgegangen. Behalten wir die Bezeichnungen s für den veränderlichen Stundenverdienst und t für die veränderliche Zeit bei, und wenden wir ferner die ebenfalls schon verwandte Bezeichnung l_0 für den festen Lohnsatz pro Stück an, so ergibt sich die bereits in einem anderen Zusammenhang[7] erwähnte Gleichung[8]:

$$(5) \qquad\qquad s = \frac{l_0}{t}$$

Die graphische Darstellung (Abb. 6) zeigt die Verdienstkurve als eine „gleichseitige Hyperbel mit den Koordinatenachsen als Asymptoten, d. h. der Stundenverdienst ist umgekehrt proportional der aufgewandten Zeit (linear gebrochene Funktion der Zeit)[9]".

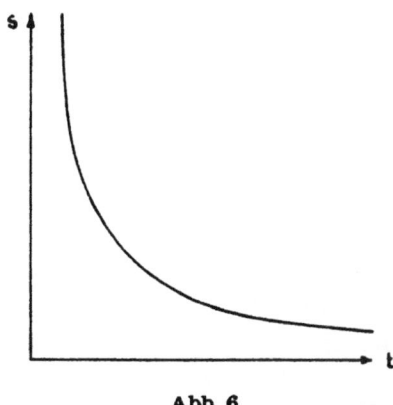

Abb. 6

Wir gehen nun von der Darstellung der zeitlichen Arbeitssteigerung zur Untersuchung der quantitativen Arbeitssteigerung über, betrachten also den Verdienst pro Zeiteinheit (Stunde), der sich ergibt, wenn bei festem Lohnsatz l_0 pro Stück q Stück pro Zeiteinheit (Stunde) hergestellt werden. Dann ergibt sich die Gleichung[10]:

$$(13) \qquad\qquad s = l_0 \cdot q$$

In der graphischen Darstellung der quantitativen Arbeitssteigerung tritt die Menge q pro Zeiteinheit (Stunde) als unabhängige Veränderliche auf und es zeigt sich folgendes Bild[11]:

[7] S. 52 f.
[8] Kosiol, Erich: Theorie der Lohnstruktur. a. a. O., S. 9.
[9] Kosiol, Erich, a. a. O., S. 9/10.
[10] Kosiol, Erich, a. a. O., S. 24.
[11] Kosiol, Erich, a. a. O., S. 14.

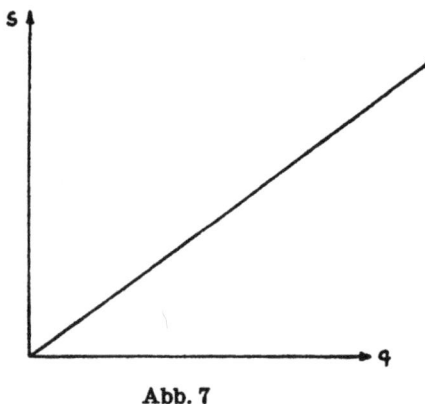

Abb. 7

„Der Stundenverdienst steigt in demselben Verhältnis wie die Zahl der erzielten Stücke[12]."

Während sich also bei der Untersuchung der quantitativen Arbeitssteigerung des Stücklohnes ergibt, daß der Verdienst proportional der Stückzahl wächst, zeigte die Betrachtung der zeitlichen Arbeitssteigerung ein scheinbar stärkeres, nämlich mit fallender Zeit hyperbolisches Ansteigen des Stundenverdienstes. „Dieser Unterschied erklärt sich daraus, daß mit gleichbleibender Stückzunahme die Zeitersparnis abnimmt, daß dagegen mit gleichbleibender Zeitabnahme die Mehrerzeugung an Stücken zunimmt." Formel (5) und (13) bedeuten also inhaltlich dasselbe[12]. Die Untersuchung der zeitlichen und quantitativen Arbeitssteigerung des Stücklohnes führt praktisch zu demselben Ergebnis.

Wie wirkt sich nun die Struktur des Stücklohnes auf das mengenmäßige Ergebnis der Arbeitsleistung aus? Die Betrachtung der zeitlichen Arbeitssteigerung zeigt, daß sich der Stundenverdienst dem Aufwande an Zeit in schärfster Form anpaßt. Der Lohn pro Stunde ist um so höher, je weniger Zeit zur Erstellung eines Stückes verwandt wird[13]. Der Arbeitende wird also bemüht sein, den Zeitaufwand für die Erstellung eines Stückes möglichst zu verkürzen, denn auf diese Weise kann er zu einem höheren Lohneinkommen gelangen. Praktisch wirkt sich dieses Bestreben in einer größeren Mengenerstellung pro Zeiteinheit aus. Dies ergibt sich unmittelbar, wenn die quantitative Arbeitssteigerung betrachtet wird (Abb. 7). Sie zeigt, daß sich der Stundenverdienst der Mengensteigerung anpaßt, womit ein Anreiz zur Steigerung der Arbeitsmenge gegeben ist. Bei Stücklohn werden also individuelle Leistungsschwankungen, die sich im Mengenergebnis niederschlagen, in hohem Maße berücksichtigt.

---

[12] Kosiol, Erich, a. a. O., S. 15.
[13] Kosiol, Erich, a. a. O., S. 10.

Weil der Stücklöhner geneigt ist, möglichst schnell zu arbeiten und eine möglichst große Leistungsmenge zu erstellen, um auf diese Weise seinen Stundenverdienst zu erhöhen, wird er der Qualität der Leistung weniger Beachtung schenken. Die qualitative Arbeitssteigerung ist also gehemmt[14].

Die Möglichkeit, durch eine erhöhte Leistung den Verdienst zu steigern, kann bei Stücklohn zu einer Überanstrengung des Arbeitenden führen. Es besteht deshalb eine Gefahr für die Permanenz der Leistung[14].

Der Stücklohn, der aufgrund seiner Struktur die Erstellung einer größeren Leistungsmenge fördert, die qualitative Arbeitssteigerung hemmt und die Leistungspermanenz gefährdet, kann allgemein als „positiver Quantitätslohn" gekennzeichnet werden, „da er unmittelbar auf eine quantitative Arbeitssteigerung hinstrebt[15]".

Im Gegensatz zum Zeitlohn kann beim Stücklohn der Normallohn pro Zeiteinheit (Stunde), der als Richtsatz erreicht werden soll, aufgrund der Lohnstruktur überschritten werden. Wenn der Arbeitende mehr Stücke in der Zeiteinheit (Stunde) herstellt, als zur Erreichung des normalen Stundenverdienstes erforderlich sind, so steigert er damit automatisch sein Lohneinkommen über das normale Maß hinaus. Das gilt entsprechend für eine Unterschreitung der Normalzeit. Ist die erreichte Menge gleich der normalen oder die zur Herstellung der Normalmenge verwandte Zeit gleich der Normalzeit, so erzielt der Stücklöhner den normalen Stundenverdienst. Gelingt es nicht, die Normalmenge in der Zeiteinheit oder die Normalzeit je Mengeneinheit zu erreichen, dann liegt das Lohneinkommen unter dem normalen Stundenverdienst. Auch aus dieser Überlegung ergibt sich, daß der Arbeitnehmer ein Interesse daran hat, die mengenmäßige Ergiebigkeit seiner Leistung zu steigern.

Um zu vermeiden, daß der Stundenverdienst unter eine bestimmte Höhe sinkt, ist in vielen Tarifverträgen ein Mindestverdienst zugesichert. Es werden dann nur die Leistungsschwankungen berücksichtigt, die zu einer Erhöhung des Mindestverdienstes führen. Der garantierte Mindestlohn richtet sich in der Regel nach dem Existenzminimum. Das Prinzip des Garantielohnes als Korrektur des Leistungslohnes darf aber nur in mäßigen Grenzen angewandt werden, damit nicht der im Leistungslohn steckende Anreiz zur Leistungssteigerung geschwächt wird[16]. Kalveram nennt den Stücklohn mit garantiertem Mindestlohn den wohlgelungenen „Versuch eines gerechten Ausgleichs zwischen den Interessen des Unternehmers und des Arbeiters[16]".

Wenn nun die Normalgrößen nicht richtig ermittelt wurden, so verfehlt der Stücklohn seine Wirkung; der Anreiz zur Leistungssteigerung

---

[14] Kosiol, Erich, a. a. O., S. 10, S. 19.
[15] Kosiol, Erich, a. a. O., S. 18/19.
[16] Kalveram, W.: Industriebetriebslehre. 6. Auflage, Wiesbaden o. J., S. 104.

geht verloren. Das gilt sowohl für den Fall, daß die Normalmenge zu niedrig (die Normalzeit zu hoch), als auch für den Fall, daß sie zu hoch (die Normalzeit zu niedrig) angesetzt wurde. Auf diese Zusammenhänge sowie auf die Bedeutung, die eine exakte Normalgrößenbestimmung für den Stücklohn hat, ist bereits an anderer Stelle eingegangen worden[17]. *Von der Möglichkeit, die Normalgrößen hinreichend genau zu bestimmen, hängt der erfolgreiche Einsatz des Stücklohnes als eines Mittels zur Leistungssteigerung ab.*

In den Anfängen des Akkordwesens führten ungenaue Leistungsvorgaben vielfach zu Streitigkeiten zwischen den Sozialpartnern. Waren die Normen zu hoch angesetzt, so konnten die Stücklöhner den normalen Stundenverdienst nur schwer erreichen und der Arbeiter wurde ausgebeutet. Bei zu niedrigen Mengenvorgaben kamen oft verhältnismäßig hohe Stundenverdienste zustande. Die Folge davon war, daß die Betriebsleitung die Akkordsätze senkte. Überhaupt war man vielerorts bestrebt, beim Auftreten übernormaler Stundenverdienste die Akkordsätze zu drücken.

Gerade diese Methode des Akkordkürzens, die sogenannte „Akkordschere", machte den Stücklohn bei den Arbeitnehmern so unbeliebt, und die Betriebsleitung erreichte mit dieser Handhabung des Stücklohnverfahrens das Gegenteil von dem, was sie eigentlich erreichen wollte[18]. Die Arbeitnehmer waren darauf bedacht, ihre Arbeit so einzurichten, daß keine übernormalen Leistungsmengen erbracht wurden. Dazu bediente man sich häufig auch des sogenannten „Akkordschiebens": Wenn beispielsweise bei einem Akkord die vorgegebene Leistungsmenge relativ gering war („guter" Akkord), so sparte man die erzielten Gutschriften auf, um sie bei „schlechten" Akkorden wieder einzusetzen. Damit konnte man im Durchschnitt einen normalen Stundenverdienst erzielen, der keinen Anlaß zur Akkordkürzung gab.

Wegen der behelfsmäßigen Weise der Normalgrößenbestimmung und der ungerechten Handhabung des Akkordlohnes überhaupt sind immer wieder Bedenken gegen die Anwendung des Stücklohnverfahrens erhoben worden. Diese Einwendungen richten sich aber nicht gegen die *Lohnform* als solche, sondern eben gegen deren *falsche Handhabung*.

Nun haben die Ausführungen über die Verfahren der Normalgrößenbestimmung gezeigt, daß heute in den Fällen, in denen die technischen und organisatorischen Bedingungen der Arbeit es erlauben, die Normalgrößen ziemlich genau bestimmt werden können. Es ist deshalb nicht verwunderlich, daß die Bedenken gegen die Anwendung des Akkordlohnes in dem Maße abgenommen haben, in dem die *Methoden der*

---

[17] Siehe S. 52 ff.
[18] So sagt Halsey: „Cutting the piece price is simply killing the goose that lays the golden egg." (Halsey, F. A.: The Premium Plan of Paying for Labor. a. a. O., S. 756.)

Normalgrößenermittlung verbessert wurden. Wenn die Vorgabeleistung nach den Verfahren des *Refa* festgesetzt wird, erfolgt in der Regel kein Einspruch gegen die Leistungsnorm.

Außerdem ist es heute ein allgemein anerkannter Grundsatz, daß die Akkorde, die auf einwandfreien Zeitmessungen aufbauen, nur bei Einführung neuer Betriebsmittel, Werkstoffe, Arbeitsverfahren oder bei Änderung des Produktionsprogrammes geändert werden dürfen, und zwar wiederum nur aufgrund einer exakten Normalgrößenbestimmung. Ein übernormaler Verdienst, der bei einem auf genauen Vorgabegrößen beruhenden Stücklohnverfahren erzielt wird, beruht auf tatsächlichen Mehrleistungen und wird garantiert. Erfahrungsgemäß weichen die Leistungsstreuungen nicht allzu stark von der Normalleistung ab[19], so daß außergewöhnlich hohe Stundenverdienste auf die Dauer gar nicht vorkommen.

Bei gewissenhaft festgesetzten Leistungsvorgaben und bei einem auf dem Grundsatz der Lohn- und Leistungsgerechtigkeit fußenden Akkordlohn hat der Arbeitende kein Interesse daran, mit seiner Leistung zurückzuhalten. Er wird auch kaum versuchen, den Zeitnehmer über den erforderlichen normalen Zeitaufwand zu täuschen, was ein erfahrener Zeitstudienmann ohnehin erkennen würde.

So verdankt der Stücklohn seine *heutige weite Verbreitung*[20] in erster Linie der *Entwicklung auf dem Gebiete der Normalgrößenbestimmung,* die weitgehend dazu beigetragen hat, eine „innere Schwierigkeit"[21] des Stücklohnverfahrens zu *überwinden.*

Es ist nun noch die Frage zu klären, unter welchen Bedingungen der Stücklohn dem Grundsatz der Äquivalenz von Lohn und Leistung entspricht. Der Stücklohn ist aufgrund seiner Struktur dann zweckmäßig, wenn die individuelle Leistung durch eine zahlenmäßige Quantität gekennzeichnet ist, so daß eine Anpassung des Lohnes an die individuelle Leistung allein durch die Menge des Geleisteten gewährleistet ist (Quantität als einziger und bester Maßstab)[22].

Demgemäß wird man den Stücklohn bei zähl- und meßbaren homogenen Einzelleistungen anwenden, die regelmäßig in derselben Weise wiederkehren und einen mechanischen Charakter tragen. Für Arbeiten, bei denen es auf hohe Qualität ankommt, ist der Stücklohn wegen der

---

[19] Man beobachtet im allgemeinen eine Streuung des Leistungsgrades von 75 bis 125 %. Nach Böhrs kann man in „guten" Betrieben damit rechnen, daß die Normalleistung um 10 bis 20 % überschritten wird. Vgl. Böhrs, Hermann: Probleme der Vorgabezeit. München 1950, S. 118.

[20] Goossens fand unter 84 Betrieben 65 Betriebe, die irgendein Stücklohnsystem anwandten. Vgl. Goossens, Franz: Die Praxis der Lohnformen, a. a. O., S. 16 ff.

[21] Kosiol, Erich: Theorie der Lohnstruktur. a. a. O., S. 12.

[22] Vgl. Kosiol, Erich, a. a. O., S. 13.

bestehenden Hemmung der qualitativen Arbeitssteigerung ungeeignet. Zwar kann durch eine ständige Kontrolle des Gütegrades der erstellten Leistungen für eine Normalgüte gesorgt werden, doch ist die Sicherung einer vielleicht möglichen Höchstqualität schwierig. Ferner ist der Stücklohn in den Fällen fehl am Platze, in denen der Anreiz zur Mengensteigerung zu einer überstarken Abnutzung der Produktionsmittel oder zu einer wirklichen Gefahr für die Erhaltung der Arbeitskraft führt.

Wenn aber die Bedingungen für seine Anwendbarkeit gegeben sind, ist der Stücklohn die geeignete Lohnform, individuelle Leistungsschwankungen äquivalent zu entlohnen und einen Leistungsanreiz zu bieten[23]. Hinzu kommt noch, daß auf dem Wege über den *Lohnsatz* auch die *allgemeine Arbeitsschwierigkeit* hinreichend berücksichtigt werden kann.

Die refamäßige Ermittlung der Normalgrößen ist mancherorts soweit fortgeschritten, daß auch bestimmte Reparaturarbeiten, die bisher im Zeitlohn durchgeführt wurden, nunmehr im Akkordlohn vergeben werden können. So wurde dem Verfasser von der Hauptverwaltung der AEG mitgeteilt, daß in einigen Betriebsteilen gute Erfahrungen mit der Vergabe von Reparaturarbeiten im Stücklohn gemacht werden. Es handelt sich dabei um Arbeiten, die in gewissen Zeitabständen wiederkehren und für die die Abteilung „Lohnvorkalkulation" Normalzeiten ermittelt. Ferner werden grundsätzlich solche Reparaturarbeiten, die auch als laufende Fertigungsarbeiten vorkommen (z. B. Motorwickeln), im Stücklohn geleistet, nachdem die Normalzeiten von der genannten Abteilung bestimmt wurden[24]. Nach Tiburtius ist die Anwendung des Akkordlohnes auf Reparaturleistungen ebenso wie die erfolgreiche Anwendung des Stücklohnes überhaupt nicht nur auf die verfeinerten Methoden der Normalzeitermittlung zurückzuführen; Tiburtius weist darüber hinaus besonders auf die Tatsache hin, daß der Betriebsrat bei der Festsetzung der Akkordlöhne durch die Entsendung von Vertretern mitwirkt. Dadurch haben die Arbeitnehmer das Gefühl der Sicherheit gegenüber willkürlichen Akkordfestsetzungen gewonnen[25].

III. Prämienlöhne[1]

Während der Zeitlohn seiner Struktur nach in erster Linie für qualitative Zeitleistungen infrage kommt, ist der Stücklohn hauptsächlich für ausgesprochen quantitative Stückleistungen anwendbar. Nun weist aber die Praxis *eine Fülle sehr verschiedenartiger Tätigkeiten* auf, so daß die beiden Lohnformen Zeitlohn und Stücklohn, die auf ganz be-

---

[23] Vgl. hierzu auch die Umfrage von Goossens, Franz: Die Praxis der Lohnformen. a. a. O., S. 31.
[24] Angeführt mit freundlicher Genehmigung der Hauptverwaltung der AEG.
[25] Nach einer persönlichen Mitteilung von Professor Tiburtius.
[1] Vgl. S. 11, Fußnote 7.

stimmte Arbeitsarten zugeschnitten sind, nicht immer volle Anwendungsberechtigung haben. Es sind deshalb noch *andere Lohnformen*, die *Prämienlöhne*, entwickelt worden, um der *Vielzahl der tatsächlich vorkommenden Leistungen* gerecht zu werden[2].

Alle denkbaren Lohnformen lassen sich aber auf die Verfahren der Zeitlohn- und Stücklohnbemessung zurückführen, so daß der Zeitlohn und der Stücklohn als die „Urformen jeglicher Lohnbemessung"[3], als „elementare Lohnformen"[4] bezeichnet werden können.

Die Prämienlöhne sind Lohnformen, die sich aus einer Elementarlohnform als Grundlohn und einer festen oder veränderlichen „Prämie" als Zuschlag zu diesem Grundlohn zusammensetzen[5]; die Prämie steht in irgendeiner Beziehung zu einer Gegenleistung, die dem Zwecke des Zuschlages entspricht. Es wird also eine Lohnsonderleistung von einer Arbeitssonderleistung abhängig gemacht. Auch für diese Sonderleistungen muß das Äquivalenzprinzip gelten[6].

Zwei Arten von Prämien lassen sich unterscheiden: Nebenprämien und Hauptprämien[7].

Mithilfe der Nebenprämien sollen bestimmte Teilwirkungen erzielt werden. Als Nebenprämien gibt es Qualitätsprämien, Ersparnisprämien und andere. Qualitätsprämien werden, wie der Name schon sagt, für

---

[2] Kosiol, Erich: Theorie der Lohnstruktur. a. a. O., S. 20.

[3] Kosiol, Erich, a. a. O., S. 19.

[4] Kosiol, Erich, a. a. O., S. 101 f.

[5] Kosiol, Erich, a. a. O., S. 102.

[6] Koch, Matthias: Prämienlöhne. Sonderabdruck aus der Zeitschrift für handelswissenschaftliche Forschung, 12. Jahrgang, Leipzig 1919, S. 7 und Kosiol, Erich: Theorie der Lohnstruktur. a. a. O., S. 37. Rummel (Rummel, Kurt: Leistungslohn und Lohnarten. Archiv für das Eisenhüttenwesen, Düsseldorf 1940, Heft 5, S. 248) nennt sämtliche leistungsmengenabhängigen Löhne „Gedinge". Als „Prämien" bezeichnet er alle zusätzlich zum Zeitlohn oder zu den Gedingen gewährten Sondervergütungen (in unserer Terminologie „Nebenprämien" genannt). Rummel verbindet mit dem Begriff der „Prämie" die Vorstellung von etwas Zusätzlichem. Beim „Prämienlohn" sei aber die ursprünglich vorhanden gewesene Vorstellung des zusätzlichen Entgeltes später verlorengegangen, weil eine ganz neue Lohnform entstanden sei. Damit habe der Begriff „Prämienlohn" seine Berechtigung verloren. Es ist jedoch nicht einzusehen, warum beim „Prämienlohn" die Vorstellung vom zusätzlichen Entgelt verlorengegangen sein soll. Es wird doch tatsächlich Lohn zusätzlich zu einem Grundlohn gezahlt, und bei übernormaler Leistung kann der Lohn den Richtsatz überschreiten, so daß der Arbeitende ein zusätzliches Lohneinkommen erzielt. Auf der Gewährung eines zusätzlichen Entgeltes für eine zusätzliche, besondere Leistung beruht ja gerade die Anreizwirkung der Prämienlöhne. Rummel selbst verwendet in einer späteren Abhandlung (Rummel, Kurt: Gedanken um Leistung und Lohn. Archiv für das Eisenhüttenwesen, Düsseldorf 1944, Heft 1/2, S. 29 ff.) wieder den Begriff „Prämienlohn", hält aber den Ausdruck „Mischlohn" für besser. Der Verfasser sieht jedoch keinen Grund, von der althergebrachten Bezeichnung „Prämienlohn" abzuweichen.

[7] Koch, Matthias, a. a. O., S. 7/8.

die Erreichung einer bestimmten Leistungsgüte gezahlt. Eine solche Nebenprämie ist nicht mit der Berücksichtigung übernormaler Qualitätsleistungen auf dem Wege über den Lohnsatz bei Zeitlohn zu verwechseln. Nebenprämien sind ihrem Wesen nach einmalige Zuwendungen, während die Leistungsbewertung bei Zeitlohn einer dauernden übernormalen Leistung Rechnung trägt. Für die Ersparnis an Roh-, Hilfs- und Betriebsstoffen können ebenfalls einmalige Beträge gezahlt werden. Alle Nebenprämien lassen den Grundlohn in seiner Struktur unverändert. Sie können als Zuschläge zu den Elementarlohnformen oder zu den Prämienlöhnen hinzutreten[8].

Die Hauptprämien sind auf eine unmittelbare Steigerung der Arbeitsmenge gerichtet. Sie werden mit dem Grundlohn verbunden und gestalten seine Struktur um, so daß eine neue Lohnform (Prämienlohn) entsteht[8].

Ein Prämienlohn, der auf einem Zeitlohn aufbaut, wird als Prämienzeitlohn bezeichnet; dient der Stücklohn als Grundlohn, so handelt es sich um einen Prämienstücklohn. Die Prämie kann auf Zeitbasis (Prämie für die Verkürzung der Zeit pro Stück: Geschwindigkeitsprämie) oder auf Stückbasis (Prämie für Vergrößerung der Menge pro Zeiteinheit: Quantitätsprämie) beruhen[9]. Sie kann zum Stundenverdienst (Zeitprämie) oder zu den Lohnkosten pro Stück (Stückprämie) zugeschlagen werden. Sie kann stufig (einstufig oder mehrstufig) oder stetig, regelmäßig oder unregelmäßig, linear oder nicht-linear, sein[10].

Es gibt demnach viele Möglichkeiten der Prämienbildung und der Gestaltung von Prämienlöhnen. Praktisch läßt sich *jeder gewünschte Verlauf der Stundenverdienstkurve* herstellen. Je nach dem Verlauf der Lohnfunktion wird ein *verschiedener Anreiz* zur Arbeitssteigerung geboten. Welche Gesichtspunkte im einzelnen für die Bestimmung der Lohnfunktion maßgebend sein können, wird später noch gezeigt.

Die Elementarlohnformen üben aufgrund ihrer Struktur einen ganz bestimmten Einfluß auf Menge, Qualität und Permanenz der Leistung aus. Werden Lohnformen, Prämienlöhne, gebildet, die „ökonomische Kombinationen von Zeitlohn- und Stücklohnbemessung"[11] darstellen,

---

8 Kosiol, Erich: Theorie der Lohnstruktur. a. a. O., S. 104.

9 Nach Kosiol kann im Rahmen der Standardkostenrechnung ein völlig neuartiges Prämienverfahren entwickelt werden, indem man als Prämiengrundlage den Grad der Annäherung der Istkosten an die niedrigeren Sollkosten benutzt. Vgl. Kosiol, Erich: Typologische Gegenüberstellung von standardisierender (technisch orientierter) und prognostizierender (ökonomisch ausgerichteter) Plankostenrechnung. In: Plankostenrechnung als Instrument moderner Unternehmungsführung. Erhebungen und Studien zur grundsätzlichen Problematik. Herausgegeben von Erich Kosiol, Berlin 1956, S. 64.

10 Vgl. Kosiol, Erich: Theorie der Lohnstruktur. a. a. O., S. 101 f. und S. 37. Vgl. auch S. 99, Fußnote 74, der vorliegenden Schrift.

11 Vgl. Kosiol, Erich, a. a. O., S. 19.

so wird je nach Art der Kombination eine *verschiedene Wirkung auf Menge, Qualität und Permanenz* der Leistung erzielt werden können. Entscheidend für den Umfang dieser Wirkung wird der gegebene Lohnanreiz sein; denn von ihm hängt — so unterstellen wir[12] — der Arbeitseinsatz, die Arbeitsintensität des Arbeitenden ab.

Alle Prämienlöhne weisen grundsätzlich eine über ihren Grundlohn hinausgehende Tendenz zur Steigerung des mengenmäßigen Arbeitsergebnisses auf. Damit ist stets eine Hemmung der qualitativen Arbeitssteigerung sowie eine Gefahr für die Permanenz der Leistung verbunden, die je nach dem Aufbau der Lohnfunktion verschieden ist[13].

1. Prämienzeitlöhne

a) Zwischenlohnverfahren

Als Prämienlohnformen, die arbeitsökonomisch auf dem Zeitlohn aufbauen, sind gegen Ende des vorigen Jahrhunderts die sogenannten „Zwischenlohnverfahren" bekannt geworden. Es handelt sich hier um Lohnformen, bei denen im Gegensatz zum Zeitlohn aufgrund der Lohnstruktur ein direkter Anreiz zur zeitlich-quantitativen Arbeitssteigerung gegeben wird. Dieser Anreiz ist jedoch nicht so stark wie beim Stücklohn. Entsprechend liegt auch die Wirkung dieser Prämienlöhne inbezug auf Qualität und Permanenz der Leistung „zwischen" der Wirkung der beiden Elementarlohnformen.

Nach Bernhard[14] werden die Zwischenlohnverfahren auch „Teilungslöhne" genannt. Bei übernormaler Leistung fließt dem Arbeitenden im Stücklohn nämlich ein Mehrverdienst zu, und dieser „Akkordgewinn" wird — mathematisch betrachtet — bei den Zwischenlohnverfahren zwischen Betrieb und Arbeitnehmer geteilt[15]. Diese mathematisch richtige Vorstellung führt aber leicht zu der ökonomisch falschen Auffassung, daß dem Arbeitenden ein ihm gebührender Lohnanteil vorenthalten werde. Arbeitsökonomisch darf man nicht davon ausgehen, daß Stücklohn vorliegt und der Mehrverdienst gekürzt wird. Es liegt vielmehr eine ganz neue Lohnform vor, die auf eine bestimmte Arbeitsart zugeschnitten ist und deren Stundenverdienstkurve einen von der Stücklohnfunktion verschiedenen Verlauf nimmt. Die Zwischenlohnverfahren bauen arbeitsökonomisch auf den Zeitlohn auf, dem eine Prämie zugeschlagen wird[16].

---

12 Vgl. S. 30.
13 Vgl. Kosiol, Erich: Theorie der Lohnstruktur. a. a. O., S. 39/40.
14 Schloss-Bernhard: Handbuch der Löhnungsmethoden. Leipzig 1906, S. XXXIV.
15 Vgl. S. 85.
16 Kosiol, Erich: Theorie der Lohnstruktur. a. a. O., S. 35. Vgl. hierzu auch die Auffassung bei Peter, Hans: Der Lohn als Mittel der betrieblichen Sozialpolitik. Zeitschrift für Betriebswirtschaft, 20. Jahrgang, Wiesbaden 1950, S. 245.

Sowohl die *allgemeine Arbeitsschwierigkeit* als auch die *individuelle Leistung* finden bei den Zwischenlohnverfahren ihre Berücksichtigung. In der Art und Weise, *wie* die persönlichen Leistungsschwankungen entlohnt werden, kommt die jeweilige Besonderheit der Arbeitsleistung zum Ausdruck.

An dieser Stelle soll auf eine Auffassung eingegangen werden, die in der Literatur häufiger anzutreffen ist, die aber nach Ansicht des Verfassers falsch ist. Es handelt sich um die Vorstellung, daß bei den leistungsmengenabhängigen Lohnverfahren eine leistungsgerechte Entlohnung nur dann gewährleistet sei, wenn der Lohn sich proportional mit der Leistungsmenge entwickele[17]. Insbesondere wird ein unterproportionaler Verlauf der Stundenverdienstkurve als ungerecht abgelehnt, weil er dem Arbeitenden nicht den sogenannten vollen Verdienst gewähre[18]. Es ist ein besonderes Anliegen dieser Arbeit, anhand der einzelnen Lohnformen aufzuzeigen, daß *bei normaler Leistung stets ein normaler Verdienst* anfällt[19], daß also der zugesicherte *Richtsatz,* der der *Arbeitsschwierigkeit* und der *Normalleistung* entspricht, gezahlt wird und damit eine *leistungsgerechte Entlohnung* vorliegt.

Die Gestaltung der Stundenverdienstfunktion außerhalb des Bereiches der Normalleistung muß nach Ansicht des Verfassers in erster Linie der *Betriebsleitung* überlassen bleiben. Ein proportionaler Verlauf der Funktion ist schon deshalb häufig nicht möglich, weil sich das Lohnverfahren *den verschiedensten Leistungsarten anpassen* muß. Außerdem muß die Betriebsleitung die Arbeitsleistung je nach dem betrieblichen Leistungsziel *in ganz verschiedener Weise beeinflussen*[20], so daß die Stundenverdienstkurve häufig einen anderen als den proportionalen Verlauf zu nehmen hat[21]. Die Betriebsleitung muß eben die Leistung im Sinne des Produktionsplanes beeinflussen, damit der Betrieb seinen *ökonomischen Zweck erfüllen* kann.

Dabei mag allerdings die Situation eintreten, daß *außerhalb der Normalleistung* die Entlohnung *kurzfristig* nicht dem Äquivalenzprinzip entspricht. Wenn beispielsweise eine Steigerung der Leistung über die Normalleistung hinaus mit übergroßer Anstrengung verbunden ist, ohne daß die Leistungsqualität dabei leidet[22], dann verlangt der Grundsatz

---

[17] Diese Auffassung liegt beispielsweise der Arbeit von Behle zugrunde (Behle, Gertrud: Die Lohnsysteme in Deutschland und den USA unter dem Gesichtspunkt der Verwirklichung des Leistungslohnes. Dissertation Frankfurt am Main 1949). Kalveram behauptet, daß der Prämienlohn die Idee des Leistungslohnes mehr oder minder verwässere (Kalveram, W.: Industriebetriebslehre. a. a. O., S. 108).

[18] Vgl. die Auffassung von Gutenberg, hier angeführt auf S. 11, Fußnote 7.

[19] Siehe S. 69, 77, 87, 93, 97, 100, 102, 103, 107, 108, 110.

[20] Vgl. Abschnitt A II.

[21] Vgl. auch S. 88.

[22] In vielen Fällen sichern maschinelle Ausstattung des Arbeitsplatzes und Qualitätskontrolle die gewünschte Leistungsgüte.

der gerechten Entlohnung, daß diese Mehrleistung mindestens proportional zur Leistungsmenge entlohnt wird. Nun kann es aber im Interesse des Betriebes liegen, *keine Mehrleistungen* zu erzielen[23]. Dann muß der mit einer proportionalen Entlohnung verbundene Lohnanreiz abgebaut und vielleicht eine unterproportionale Entwicklung des Entgelts eingeführt werden (Halsey-Lohn). Übernormale Leistungen des Arbeitenden werden jetzt nicht mehr der erbrachten Leistung entsprechend entlohnt, sondern geringer. Das wird aber bald dazu führen, daß der Arbeitende auf übernormale Leistungen verzichtet; mindestens ist eine *Tendenz* in dieser Richtung wirksam. Stellt sich die Arbeitskraft wieder auf die vom Betrieb gewünschte *Normalleistung* ein, so ist das Äquivalenzprinzip erneut verwirklicht; denn der *normalen Leistung* entspricht ein *normaler Stundenverdienst*.

Es soll nun auf die Zwischenlohnverfahren von *Halsey* und *Rowan* näher eingegangen werden.

aa) Halsey-Lohn

Um den Halsey-Lohn darzustellen, gehen wir von den Elementarlohnformen aus. Wir nehmen an, daß eine bestimmte Mengenleistung[24] einmal im Zeitlohn, das andere Mal im Stücklohn bezahlt wird. Wenn der Arbeitende einen festen Zeitlohn s_0 pro Stunde bezieht, so liegt dieser Festsetzung eine erwartete Normalmenge q_0 pro Stunde bei einem Lohnsatz l_0 pro Stück zugrunde[25]:

$$(14) \qquad s_0 = l_0 \cdot q_0$$

Die Formel[26]

$$(13) \qquad s = l_0 \cdot q$$

für den Stücklohn nimmt dann die Form

$$(15) \qquad s = s_0 \cdot \frac{q}{q_0}$$

an[25]. Gegenüber dem Zeitlohn ergibt sich bei Stücklohn als Verdiensterhöhung die Stundenverdienstdifferenz[25]

$$(16) \qquad d = s - s_0 = s_0 \cdot \frac{q - q_0}{q_0} \,.$$

Diese Verdienstdifferenz wird nun beim Halsey-Lohn nur mit einem Bruchteil k berücksichtigt:

$$(17) \qquad d = k \cdot s_0 \cdot \frac{q - q_0}{q_0}$$

---

[23] Beispielsweise aus absatzpolitischen Gründen oder mit Rücksicht auf die Permanenz der Leistung.

[24] Bei der Darstellung der Elementarlohnformen ist darauf hingewiesen worden, daß zeitliche und quantitative Arbeitssteigerung praktisch auf dasselbe hinauslaufen. Im folgenden wird deshalb nur noch die quantitative Arbeitssteigerung untersucht.

[25] Kosiol, Erich: Theorie der Lohnstruktur. a. a. O., S. 16.

[26] Siehe S. 75.

und einem bestimmten Zeitlohn als Prämie zugeschlagen[27]. Die Gleichung für den Halsey-Lohn lautet demnach[28]:

$$(18) \qquad\qquad s = s_0 + k \cdot s_0 \cdot \frac{q - q_0}{q_0} \cdot$$

Wird $k = 1$ gewählt, so heißt das, daß die volle Stundenverdienstdifferenz gezahlt wird; es ergibt sich der reine Stücklohn. Läßt man k immer kleiner werden, so wird im Grenzfalle $k = 0$ die Verdienstdifferenz gleich Null und es ergibt sich der reine Zeitlohn[29]. Nach Kosiol[30] können demnach Zeitlohn und Stücklohn als spezielle Arten oder mathematisch als Grenzfälle der allgemeinen Halseyschen Prämienlohnmethode aufgefaßt werden.

Die graphische Darstellung des Halsey-Lohnes und seiner Grenzformen zeigt Abb. 8[31].

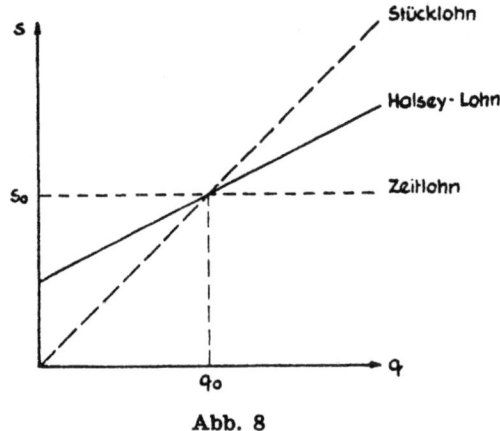

Abb. 8

Im Punkte $q = q_0$ treffen sich sämtliche Verdienstkurven für beliebiges k. Die Prämie fällt in diesem Falle fort. Zwischen den Grenzformen liegt für $k < 1$ die Skala der verschiedensten Halsey-Prämienlöhne[32].

Es soll nun untersucht werden, wie sich der Halsey-Lohn im allgemeinen auf die Arbeitsleistung auswirkt.

Die Darstellung des Halsey-Lohnes zeigt, daß mit zunehmender Mengenleistung auch der Stundenverdienst steigt. Eine sich mengenmäßig auswirkende Arbeitssteigerung wird also berücksichtigt. Allerdings ist die Zunahme des Stundenverdienstes geringer als beim Stücklohn. Der

---

[27] Kosiol, Erich: Theorie der Lohnstruktur. a. a. O., S. 20 und S. 22. Halsey wählte $k = 1/3$. Das „Prämienmaß" k kann jedoch beliebig variiert werden.
[28] Vgl. Kosiol, Erich, a. a. O., S. 22.
[29] Kosiol, Erich, a. a. O., S. 23.
[30] a. a. O., S. 21/22.
[31] Vgl. Kosiol, Erich, a. a. O., S. 23.
[32] Vgl. Kosiol, Erich, a. a. O., S. 22.

Grad der Veränderung des Stundenverdienstes in Abhängigkeit von der
Leistungsmenge wird bestimmt durch die Größe k, das Prämienmaß.

Bei Erreichung der Normalleistung q_0 erhält der Arbeitende einen
normalen Stundenverdienst s_0[33]. Die Überschreitung der Normalleistung
führt zu einer Steigerung des Lohnes über den normalen Zeitlohn hinaus, während bei einer Unterschreitung der Normalmenge der Lohn
unter den Normallohn sinkt. Aufgrund der Tarifverträge ist heute
jedoch in der Regel ein Mindestverdienst zugesichert. Die Lohnsteigerung bei Überleistung und die Lohnminderung bei Unterleistung sind
nicht so stark wie beim Stücklohn. Die allgemeine Tendenz zur Mengensteigerung ist aber unverkennbar.

Ebenso wie der Anreiz zur mengenmäßigen Arbeitssteigerung von der
Größe des Prämienmaßes k abhängt, ist auch die qualitative Arbeitssteigerung von k abhängig. Wenn durch zweckmäßige Wahl des Prämienmaßes eine überstarke Mengensteigerung vermieden wird, kann
mittelbar eine höhere Leistungsgüte erreicht werden.

Damit ist die Permanenz der Leistung bis zu einem gewissen Grade
gewährleistet[34].

Allgemein läßt sich der Halsey-Lohn also dahingehend kennzeichnen,
daß er aufgrund seiner Struktur eine mengenmäßige Arbeitssteigerung
erstrebt, aber auch auf die Berücksichtigung der Leistungsgüte abzielt[35]. „Der Halsey-Lohn ist ein qualitativer Quantitätslohn[36]." Der
Umfang der jeweils erwünschten Leistungsmenge und -qualität kann
durch das Prämienmaß beeinflußt werden.

Das jeweilige Prämienmaß bestimmt den Verlauf der Stundenverdienstkurve, ihre Neigung, die auch gemessen werden kann durch

$$\frac{\triangle s}{\triangle q} = \text{tg } \alpha\text{[37]}:$$

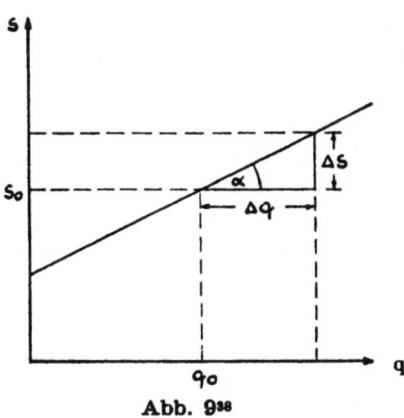

Abb. 9[38]

[33] Vgl. auch Peter, Hans: Der Lohn als Mittel der betrieblichen Sozialpolitik. a. a. O., S. 245.
[34] Vgl. Kosiol, Erich, a. a. O., S. 25.
[35] Kosiol, Erich, a. a. O., S. 25.
[36] Kosiol, Erich, a. a. O., S. 33.

Dabei bedeutet Δ s den Mehrverdienst, der bei einer um Δ q gesteiger-
ten Leistung erzielt wird. $\frac{\Delta\,s}{\Delta\,q}$ ist das Maß für den Anreiz, der zur Leistungssteigerung geboten wird[39].

Dieser Lohnanreiz muß so stark sein, daß die gewünschte Arbeitsleistung erbracht wird. Sowohl ein zu kleines als auch ein zu großes
Steigungsmaß sind ungeeignet. Im ersten Falle reicht der Lohnanreiz
nicht aus, um die zur Mehrleistung erforderliche Mehranstrengung
hervorzubringen, im zweiten Falle ist die Gefahr der Überanstrengung
zu groß.

tg α ist so zu bestimmen, daß der Arbeitende dazu veranlaßt wird,
die Leistungsreserven, über die er bei Normalleistung noch verfügt,
freiwillig und ohne Überanstrengung herzugeben. Um das zu erreichen,
muß *nicht immer jeder prozentualen Mengenzunahme auch die gleiche
prozentuale Zunahme des Lohnes entsprechen;* tg α muß also nicht unbedingt gleich 1 sein wie beim Stücklohn. Vielmehr wird das Ziel der
Mobilisierung der Leistungsreserven auch häufig durch die Wahl eines
kleineren Steigerungsmaßes (tg α < 1) erreicht, wie es z. B. beim Halsey-
Lohn der Fall ist[40].

Nun sind die bei Normalleistung noch vorhandenen Leistungsreserven
bei den verschiedenen Arbeitsarten verschieden[41]. Nach Rummel soll
dieser unterschiedlichen Steigerungsmöglichkeit der Leistung durch die
Wahl des tg α Rechnung getragen werden. Rummel stellt die Forderung
auf, daß im Interesse einer leistungsgerechten Entlohnung für die Her-
gabe der vorhandenen Leistungsreserven bei verschiedenen Tätigkeiten
ein Überverdienst von gleichem Prozentsatz über Normalverdienst gewährt werden müsse. Dementsprechend sei tg α zu wählen[42].

Die Ermittlung der bei einer Arbeit vorhandenen Leistungssteige-
rungsmöglichkeiten kann durch Schätzen von „Teilleistungsgraden"
geschehen: man schätzt, um wieviel Prozent die normale Leistung im
Einzelfalle durch erhöhte körperliche Anstrengung, durch Einübung,
durch eine vom Arbeitenden vorgenommene Rationalisierung oder durch
Einsatz erhöhter Aufmerksamkeit gegenüber Störungen gesteigert
werden kann. Durch Multiplikation der einzelnen geschätzten Teil-

---

[37] $\mathrm{tg}\ \alpha = \dfrac{k \cdot s_0}{q_0}$

[38] Vgl. Rummel, Kurt: Gedanken um Leistung und Lohn. Archiv für das
Eisenhüttenwesen, 18. Jahrgang, Düsseldorf 1944, S. 32.

[39] Bei linearem Stundenverdienstverlauf ist tg α konstant, bei gekrümmten
Stundenverdienstkurven ist tg α variabel.

[40] Vgl. auch Görres, Carl Josef: Prämienlohn als Leistungsspiegel. Stuttgart 1951, S. 16/17.

[41] Sie sind z. B. von dem Verhältnis der beeinflußbaren zu den unbeeinflußbaren Zeiten abhängig.

[42] Rummel, Kurt: Gedanken um Leistung und Lohn. a. a. O., S. 32 ff.

leistungsgrade erhält man den sogenannten „Schwellenleistungsgrad", jenen Leistungsgrad, der überhaupt möglich und zumutbar ist und der, wie gesagt, bei den einzelnen Arbeiten verschieden ist. Grundsätzlich ist aber jedem Schwellenleistungsgrad als Ausdruck der vorhandenen Leistungsreserven ein gleicher prozentualer Überverdienst zuzuordnen[43].

Die Lohnform des Halsey-Lohnes, die Rummel als „unterproportionales Gedinge"[44], „Flachgedinge"[44] und schließlich als „Mischlohn"[45] oder „Prämienlohn"[45] bezeichnet, stellt nach Rummel gerade deshalb eine „höherentwickelte Lohnform" als der Stücklohn dar, weil sie durch die geeignete Wahl des tg α eine elastische Anpassung an die unterschiedlichen Steigerungsmöglichkeiten der Leistung erlaubt[46].

Es soll nun noch gezeigt werden, wie die *Arbeitsschwierigkeit beim Halsey-Lohn* berücksichtigt ist. Auch bei dieser Lohnform wird für eine normale Leistung (q_0) ein normaler Lohnsatz (s_0) festgelegt, der die Schwierigkeit der Arbeit zum Ausdruck bringen soll. Weil beim Halsey-Lohn aber ähnlich wie beim Stücklohn aufgrund der Lohnstruktur mit einer intensiveren Leistung als bei einer vergleichbaren Arbeit im Zeitlohn gerechnet werden kann, muß der Stundenverdienstrichtsatz auch höher als bei einer entsprechenden Zeitlohnarbeit liegen.

Wird ein und dieselbe Leistung einmal im Stücklohn, das andere Mal im Halsey-Lohn entlohnt, so besteht also hinsichtlich des Verdienstrichtsatzes (ausgedrückt in Pfg/min), der nach Maßgabe der Arbeitsschwierigkeit festgelegt wurde, und der Normalgröße (beispielsweise min/Stück) kein Unterschied. Nur der Minutenfaktor (Pfg/min) ist beim Halsey-Lohn anders als beim Stücklohn. Verdienstrichtsatz (Pfg/min) und Minutenfaktor sind beim Stücklohn gleich, beim Halsey-Lohn verschieden. Darin äußert sich die Tatsache, daß hier verschiedene Methoden zur Berücksichtigung der individuellen Leistung vorliegen und daß der Halsey-Lohn auf eine *andere Leistungsart* als der Stücklohn zugeschnitten ist. Die Arbeitsschwierigkeit wird aber genau so im Lohnsatz berücksichtigt wie bei den anderen Lohnformen.

Wenn z. B. der Verdienstrichtsatz 1,5 Pfg/min beträgt, und die Normalgröße mit 20 min/Stück ermittelt wurde, dann ist bei Stücklohn auch der Minutenfaktor 1,5 Pfg/min. Jede ersparte Minute bringt einen Verdienstzuwachs von 1,5 Pfg. Beim Halsey-Lohn beträgt zwar der Verdienstrichtsatz ebenfalls 1,5 Pfg/min und die Normalgröße gleichfalls 20 min/Stück, der Minutenfaktor ist aber nicht gleich 1,5, sondern beispielsweise gleich 0,9 Pfg/min. Der veränderliche Anteil des Halsey-Lohnes ist also nur 0,9 Pfg/min. Da aber bei Normalleistung der Verdienst

---

[43] Rummel, Kurt, a. a. O., S. 35 f. und S. 42.

[44] Rummel, Kurt: Leistungslohn und Lohnarten. a. a. O., S. 248.

[45] Rummel, Kurt: Gedanken um Leistung und Lohn. a. a. O., S. 32.

[46] Rummel, Kurt, a. a. O., S. 33.

1,5 Pfg/min betragen soll, so sind 1,5 — 0,9 = 0,6 Pfg/min = 36 Pfg/Std
im Zeitlohn zu bezahlen. Zu diesem Zeitlohn wird der veränderliche
Anteil von 20 min × 0,9 Pfg = 18 Pfg/Stück gezahlt. Bei normaler
Leistung wird bei beiden Lohnformen ein Stundenverdienst von 90 Pfg
erzielt[47].

Die genaue Ermittlung der Normalleistung ist beim Halsey-Lohn aus
denselben Gründen erforderlich wie beim Stücklohn. Allerdings ist die
Gefahr, daß infolge zu niedriger Normalmengenvorgaben die Löhne
ungerechtfertigterweise übermäßig stark steigen, nicht so groß wie beim
Stücklohn, weil Überleistungen sich im Halsey-Lohnverfahren nicht in
einem so hohen Mehrverdienst auswirken wie im Stücklohnverfahren.
Je kleiner tg a ist, um so geringer werden die Verdienststreuungen.

Nach dem Gesichtspunkt der Äquivalenz von Lohn und Leistung ist
der Halsey-Lohn für solche Arbeitsarten zweckmäßig, die einen stark
quantitativen Charakter tragen, bei denen aber neben der Betonung der
Mengenleistung zugleich eine gewisse Beachtung der Leistungsqualität
verlangt wird[48]. Welche spezielle Form des Halsey-Lohnes nun im
Einzelfalle der Forderung nach einer leistungsgerechten Entlohnung
entspricht, welche Neigung der Halsey-Stundenverdienstkurve also die
richtige ist, das hängt von der *jeweils vorliegenden Arbeitsart* ab.

Eine besondere Bedeutung für den Betrieb kann der Halsey-Lohn
beispielsweise aus *absatzpolitischen* Erwägungen heraus gewinnen. Der
Betrieb ist vielleicht nicht in der Lage, eine gesteigerte Produktmenge
abzusetzen. Dann ist der starke Anreiz zur zeitlich-quantitativen
Arbeitssteigerung, der dem Stücklohne innewohnt, fehl am Platze. Man
wird den Halsey-Lohn mit seiner schwächeren Tendenz zur Mengensteigerung bevorzugen. Durch zweckmäßige Wahl der Neigung der
Stundenverdienstkurve kann also eine *Anpassung* der Arbeitsleistung
an das *jeweils gewünschte betriebliche Leistungsziel* erstrebt werden.

Halsey hat seine Lohnform insbesondere deshalb eingeführt, weil er
die Mängel der auf ungenauen Normalgrößen beruhenden Stücklöhne
(Akkordschere) beseitigen wollte. Es ist an früherer Stelle bereits gesagt worden, daß die heutigen Verfahren der Normalgrößenbestimmung
im allgemeinen zu zufriedenstellenden Normalgrößen führen. Eine Anwendung des Halsey-Lohnes zu dem Zwecke, die Folgen ungenauer
Normwerte zu vermeiden, ist deshalb heute nur noch in Ausnahmefällen
erforderlich.

So ist der Halsey-Lohn beispielsweise da anwendbar, wo eine genaue
Bestimmung der Normalgrößen einfach nicht möglich ist, weil eine
regelmäßige Wiederholung der Arbeitsgänge nicht erfolgen kann, die

---

[47] Nach Rummel, Kurt, a. a. O., S. 33.
[48] Vgl. Kosiol, Erich: Theorie der Lohnstruktur. a. a. O., S. 25.

Art der Arbeit also eine genaue Leistungsvorgabe verbietet[49]. Es ist nicht angebracht, solche Tätigkeiten im Stücklohn zu entlohnen, weil die ungenauen Normalwerte leicht zu unverdient hohen Löhnen und damit zu Unstimmigkeiten in der Belegschaft führen können. Um das zu vermeiden, wendet man den Halsey-Lohn an, der die Fehler der Normalgrößen abschwächt, gleichzeitig aber einen Leistungsanreiz über den Zeitlohn hinaus gewährleistet.

Auch wenn wirtschaftliche Erwägungen gegen eine genaue Normalgrößenbestimmung sprechen, kann der Halsey-Lohn als Ersatz für den Stücklohn eingesetzt werden. Bei zu kleinen Aufträgen ist ja häufig der Aufwand, der mit einer exakten Normalgrößenbestimmung verbunden ist, größer als ihr Nutzen. Ein abgeschwächter Akkord ermöglicht dann die Vorgabe von grob geschätzten Normalwerten.

Schließlich sei noch darauf hingewiesen, daß man den Halsey-Lohn auch als Übergangslohnform verwenden kann, um bei neuen Arbeitskräften die Einarbeitung zu fördern. In manchen Betrieben wird neu Eingestellten, die im Stücklohn arbeiten, ein „Einarbeitungszuschlag" gewährt, der mit fortschreitender Einarbeitung abgebaut wird. Auf diese Weise soll eine Angleichung an den Verdienst der bereits eingeübten Akkordarbeiter erreicht werden. Der spätere Fortfall der Zuschläge wirkt aber häufig wie eine „Akkordschere". Wenn man statt dessen in der Weise vorgeht, daß man zunächst einen Normallohn (Zeitlohn) gewährt, diesen dann durch einen Halsey-Lohn und nach erfolgter Einarbeitung durch den Stücklohn ersetzt, dann wird eine allmähliche Anpassung an die Arbeitsintensität der bereits eingeübten Stücklohnarbeiter erreicht und die Akkordschere vermieden[50].

bb) Rowan-Lohn

Das von James Rowan entwickelte Zwischenlohnverfahren geht von einer anderen Prämienfestsetzung aus. Während beim Halsey-Lohn der feste Stundenlohnsatz um eine Prämie vermehrt wird, die sich nach einem festen Bruchteil des Verhältnisses des Stückzahlüberschusses zur normalen Stückzahl errechnet[51], wird die Rowan-Prämie nach dem Ver-

---

[49] Das ist vielfach in Reparaturbetrieben der Fall. Deshalb empfiehlt Fleischmann die Anwendung des Halsey-Lohnes im Kraftfahrzeugreparaturgewerbe: „Das Prämienverfahren ist als Übergang gedacht, bis die Normalzeiten für immer wiederkehrende Reparaturen besser fundiert sind, damit eine gute Vorgabe gegeben werden kann, welche die Durchführung des Akkordlohnes gewährleistet."

Fleischmann, Eberhard: Zur Frage der Lohnformen im Reparaturgewerbe, insbesondere im Kraftfahrzeuginstandsetzungsgewerbe. Dissertation Freiburg i. B. 1950, S. 116/117.

[50] Vgl. Görres, Carl Josef: Prämienlohn als Leistungsspiegel. Stuttgart 1951, S. 19 f.

[51] Vgl. Kosiol, Erich: Theorie der Lohnstruktur. a. a. O., S. 23.

hältnis des Stückzahlüberschusses zur geleisteten Stückzahl berechnet[52]:

$$(19) \qquad d = s_0 \cdot \frac{q - q_0}{q}$$

Ist die Halsey-Prämie durch das Prämienmaß einmal bestimmt, so bleibt sie für die Dauer der Produktion konstant. Die Rowan-Prämie hingegen ist innerhalb desselben Produktionsganges im Verhältnis $\frac{q_0}{q}$ veränderlich[53]:

$$(20) \qquad d = s_0 \cdot \frac{q - q_0}{q_0} \cdot \frac{q_0}{q}$$

Sie wird einem festen Zeitlohn zugerechnet[52]:

$$(21) \qquad s = s_0 + d$$

$$(22) \qquad s = s_0 \cdot \frac{2q - q_0}{q}$$

Wenn nur die halbe Normalleistung erreicht wird $(q = \frac{q_0}{2})$, so ist $s = 0$. Es würde also kein Lohn gezahlt. Praktisch kommt jedoch der tarifliche Mindestlohn zur Auszahlung. Bei erreichter Normalleistung $(q = q_0)$ ist $s = s_0$, ein normaler Stundenlohn wird gezahlt. Läßt man q immer größer werden $(q \to \infty)$, so erhält man im Grenzfalle $s = 2s_0$; der normale Stundenverdienst verdoppelt sich[54].

Die graphische Darstellung des Rowan-Lohnes zeigt Abb. 10[54].

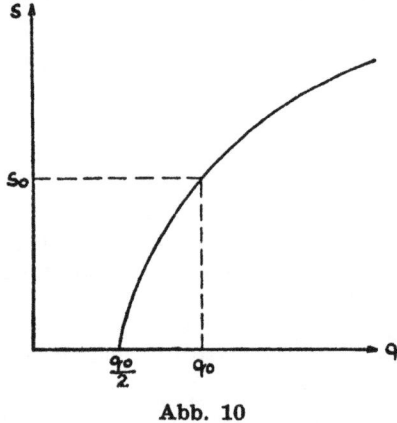

Abb. 10

„Die Verdienstkurve ist eine Hyperbel, die die q-Achse in $q = \frac{q_0}{2}$

---

[52] Vgl. Kosiol, Erich, a. a. O., S. 27.

[53] Kosiol, Erich, a. a. O., S. 32 f.

[54] Vgl. Kosiol, Erich, a. a. O., S. 28.

schneidet und ihren Höchstwert $s = 2s_0$ erst im ‚Unendlichen' annimmt."[55]

Der Verlauf der Verdienstkurve zeigt, daß der Lohn mit zunehmender Leistung hyperbolisch anwächst, und zwar bis zur Höchstgrenze $2s_0$. Der Arbeitende hat demnach die Möglichkeit, durch eine Steigerung der mengenmäßigen Arbeitsleistung seinen Lohn zu erhöhen. Die Rowan-Lohnform enthält also eine Tendenz zur mengenmäßigen Arbeitssteigerung.

Bei unternormaler Leistung liegt der Stundenverdienst unter dem Normallohnsatz, so daß der Arbeitende versuchen wird, die Normalleistung und damit den Normallohn zu erreichen. Die Verdienstzuwächse je mehrerzeugte Leistungseinheit nehmen aber mit steigender Leistung immer mehr ab. Das hat zur Folge, daß von einem gewissen Punkte an der Lohnanreiz so gering wird, daß es sich für den Arbeitenden nicht mehr lohnt, die zur Mehrleistung erforderliche Anstrengung aufzubringen. Beim Rowan-Lohn findet so die Tendenz zur Mengensteigerung eine Grenze.

Der fehlende Ansporn zu größter Mengenleistung führt zu einer stärkeren Berücksichtigung der Qualität der Leistung und ermöglicht die Leistungspermanenz[56].

Im Gegensatz zum Halsey-Lohn, der mit Kosiol als qualitativer Quantitätslohn gekennzeichnet wurde, stellt der Rowan-Lohn wegen der starken Berücksichtigung der Leistungsgüte bei verhältnismäßig geringem Ansporn zur Mengenleistung einen „quantitativen Qualitätslohn" dar[57].

Aus dem eben dargestellten speziellen Rowan-Lohn lassen sich nun Abarten dieser Lohnform entwickeln, indem man statt der vollen nur einen Bruchteil k der Rowan-Prämie gewährt. Die Gleichung für den allgemeinen Rowan-Lohn lautet dann[58]

$$(23) \qquad s = s_0 + k \cdot s_0 \cdot \frac{q - q_0}{q},$$

und der spezielle Rowan-Lohn erscheint als Sonderfall für $k = 1$. Für $k = 0$ ergibt sich als Grenzfall der Zeitlohn.

Je kleiner das Prämienmaß k ist, um so geringer ist der Anreiz zur Mengensteigerung, und um so mehr wird die Leistungsqualität betont. Die Änderung des Prämienmaßes gestattet also eine Anpassung an die verschiedenartigen Leistungen des Betriebes[58].

---

[55] Kosiol, Erich, a. a. O., S. 28.

[56] Vgl. Kosiol, Erich, a. a. O., S. 29.

[57] Kosiol, Erich, a. a. O., S. 34.

[58] Kosiol, Erich, a. a. O., S. 31.

Die ökonomische Struktur des Rowan-Lohnes ist im wesentlichen auch einer Lohnform eigen, die Rummel als „verzögertes Gedinge" bezeichnet[59]:

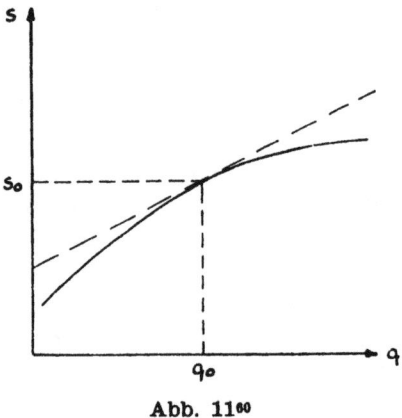

Abb. 11[60]

Es handelt sich dabei um die Konstruktion einer Stundenverdienstkurve, die von einem Halsey-Lohn tangiert wird. Auch bei dieser Lohnform wird der Anreiz zur Mengensteigerung immer schwächer, so daß Qualität und Permanenz der Leistung nicht gefährdet sind.

Die *Schwierigkeit der Arbeit* findet beim Rowan-Lohn ebenso wie bei den anderen Lohnformen ihren Ausdruck im *Verdienstrichtsatz*. Bei *normaler Leistung* ($q = q_0$) wird der *normale Stundenverdienst* s_0 erzielt, dessen Höhe der normalen Arbeitsintensität bei dieser Entlohnungsmethode angepaßt sein muß. Der Normallohn wird also wegen des gegebenen Leistungsanreizes und der damit verbundenen größeren Arbeitsintensität höher liegen als bei einer vergleichbaren Zeitlohnarbeit.

Eine ungenaue Normalgrößenbestimmung wirkt sich beim Rowan-Lohn noch weniger stark aus als beim Halsey-Lohn, weil mit steigender Mengenleistung die Verdienstzuwächse geringer werden; bei einer zu

---

[59] Aus der Gleichung für den allgemeinen Rowan-Lohn

(23) $$s = s_0 + k \cdot s_0 \cdot \frac{q - q_0}{q}$$

ergibt sich

$$\mathrm{tg}\, a = s' = \frac{k \cdot s_0 \cdot q_0}{q^2}.$$

Die Steigung der Stundenverdienstkurve nimmt also mit wachsendem q ab. Ein Blick auf Abb. 11 zeigt unmittelbar, daß auch hier mit wachsendem q die Steigung der Stundenverdienstkurve abnimmt. Es liegen also im wesentlichen die Eigentümlichkeiten des allgemeinen Rowan-Lohnes vor.

[60] Nach Rummel, Kurt: Leistungslohn und Lohnarten. a. a. O., S. 248.

niedrig ermittelten Normalmenge kann der Stundenverdienst nicht zu einer beliebigen Höhe, sondern nur bis zur Höhe $2s_0$ anwachsen.

Aufgrund seiner Struktur eignet sich der Rowan-Lohn ebenso wie der Halsey-Lohn für solche Leistungsarten, bei denen neben der mengenmäßigen Leistung auch die Qualität der Leistung beachtet werden muß[61].

Ochs zeigt Beispiele für die Anwendung des Rowan-Lohnes in der optischen Industrie (Linsenschleiferei, Montage von Spezialobjektiven), wo auf eine besondere Sorgfalt und Genauigkeit der Arbeit geachtet werden muß. Die Betriebsleitung strebt nur eine Normalleistung der einzelnen Arbeitskräfte an, weil bei Höchstmengenleistungen erfahrungsgemäß die Qualität der Erzeugnisse leidet[62].

Weil der Arbeitnehmer beim Rowan-Lohn wenig Interesse daran hat, die Normalleistung wesentlich zu überschreiten, er andererseits aber die Erreichung der Normalleistung anstrebt, ist diese Lohnform tatsächlich geeignet, eine *Konzentration der Arbeitsleistung in der Nähe der Normalleistung* herbeizuführen. Wenn also beispielsweise aus absatzpolitischen Gründen eine möglichst große Leistungsmenge unerwünscht ist, begünstigt der Rowan-Lohn die Einhaltung einer normalen Mengenausbringung.

Eine besondere Bedeutung erlangt der Rowan-Lohn, wenn eine genaue Normalgrößenbestimmung auf große technische Schwierigkeiten stößt (z. B. bei Reparaturarbeiten) oder aus wirtschaftlichen Gründen (Kostenüberlegungen) nicht möglich ist. Die Anwendung des Rowan-Lohnes in diesen Fällen beruht auf denselben Überlegungen, die schon hinsichtlich der Anwendung des Halsey-Lohnes bei unsicheren Vorgabewerten angestellt wurden. Der Rowan-Lohn ist jedoch in dieser Hinsicht gegenüber dem Halsey-Lohn noch zu bevorzugen, weil sich die Fehler unrichtiger Normalwerte noch weniger stark auswirken.

b) Bonus- und Staffellöhne

In manchen Fällen versucht man, die dem Zeitlohn aufgrund seiner Struktur fehlende Tendenz zur zeitlich-quantitativen Arbeitssteigerung dadurch zu ersetzen, daß man dem Stundenverdienst einen einmaligen prozentualen Zuschlag hinzufügt, der jeweils von der Erreichung einer ganz bestimmten Leistung abhängig gemacht wird[63].

---

[61] Vgl. Kosiol, Erich: Theorie der Lohnstruktur. a. a. O., S. 29.

[62] Ochs, Richard: Grundlagen, Arten und Probleme des Leistungslohnes (Verhältnis von Leistung und Lohn). Dissertation Frankfurt am Main 1949, S. 313 ff.

[63] Als Bemessungsgrundlage der Prämie können außer einer Stückzahl auch der Umsatz und der Erfolg infrage kommen (z. B. im Einzelhandel).
Vgl. Kosiol, Erich: Die Arbeitsentlohnung. Handbuch des Einzelhandels, Stuttgart 1932, S. 241.

Es wird beispielsweise eine Normalleistung q_0 festgesetzt. Bis zur Erreichung dieser vorgeschriebenen Leistung zahlt man einen Zeitlohn s_0[64]:

(24) $s = s_0$ $q < q_0$

Erst wenn der Arbeitende die ihm gestellte Aufgabe erfüllt oder wenn er das gesteckte Leistungsziel überschritten hat, kommt der Stundenverdienstzuschlag, der Bonus, zur Auszahlung. Bezeichnet man mit p_0 den festen Zuschlag in Prozenten, so ergibt sich für den Stundenverdienst die Gleichung[64]:

(25) $s = s_0 \left(1 + \dfrac{p}{100}\right)$ $q \gtreqless q_0$

Die graphische Darstellung zeigt eine gebrochene Stundenverdienstkurve, die im Punkte $q = q_0$ eine Sprungstelle aufweist:

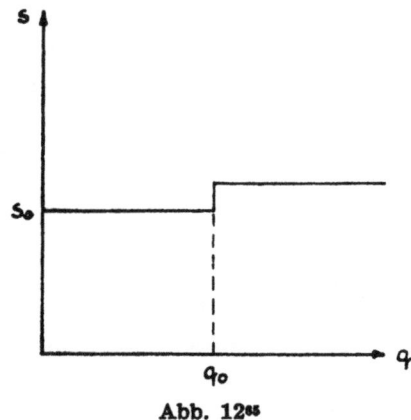

Abb. 12[65]

Aus der Darstellung ist ersichtlich, daß bis zur Erreichung der Normalleistung quantitative Mehrleistungen nicht berücksichtigt werden; denn bis zu diesem Punkte verläuft die Stundenverdienstkurve wie die des Zeitlohnes. Bei erreichter Normalleistung erfolgt jedoch durch die Bonuszahlung eine Anpassung des Lohnes an die Mengenleistung. „Und zwar soll die Prämie einer in einem größeren Zeitraum, bzw. an einer größeren Stückzahl aufgebrachten Arbeitsleistung entsprechen. Im Gegensatz zu einer gleichmäßig fortschreitenden, kontinuierlichen Übereinstimmung liegt hier eine nachholende, sprunghafte Anpassung von Lohn und Leistung vor."[66]

Der Bonuslohn spornt zur Erreichung des gesteckten Leistungszieles an, weil dafür der Bonus in Aussicht steht. Andererseits hat der Ar-

[64] Kosiol, Erich: Theorie der Lohnstruktur. a. a. O., S. 41.
[65] Vgl. Kosiol, Erich, a. a. O., S. 42.
[66] Kosiol, Erich, a. a. O., S. 41/42.

beitende kein Interesse an einer über das Leistungsziel hinausgehenden Leistungssteigerung; denn solche Leistungen führen nicht zu einem Mehrlohn. Infolgedessen wird sich die Arbeitsleistung auf die vorgegebene Normalleistung einspielen. Für den Betrieb erweist sich der Bonuslohn als zweckmäßig, wenn die Einhaltung einer genau umgrenzten Leistungsmenge beabsichtigt ist.

Der vom Bonuslohn ausgehende Anreiz zur zeitlich-quantitativen Arbeitssteigerung ist von der Höhe der gewährten Prämie abhängig. Wenn der Bonus zu niedrig festgesetzt wird, bildet er kein Äquivalent für die zu seiner Erlangung erforderliche Arbeitsanstrengung; er ist in diesem Falle unwirksam.

Die Wirksamkeit des Lohnanreizes hängt außerdem von der Festsetzung der Normalgröße ab[67]. Wird eine so große Normalmenge vorgegeben, daß ihre Erreichung nicht möglich ist, dann wird der Arbeitnehmer entweder die von vornherein nutzlose Arbeitsanstrengung aufgeben oder aber durch die erforderliche Überanstrengung Qualität und Permanenz der Leistung gefährden. Es ist daher erforderlich, auch beim Bonuslohn die Normalgrößen möglichst genau zu bestimmen.

Die Arbeitsschwierigkeit wird beim Bonuslohn im ursprünglichen Lohnsatz s_0 berücksichtigt, der den Charakter eines Zeitlohnsatzes hat und einer normalen Leistung im Zeitlohn entspricht[68]. Die Erreichung der vorgegebenen Normalleistung entspricht einer erhöhten Arbeitsintensität, wie sie in der Regel bei allen Lohnformen üblich ist, die einen Anreiz zur Mengensteigerung bieten. Dieser höheren individuellen Leistung trägt der Bonus Rechnung.

Die Erhöhung des Zeitlohnsatzes beim Bonuslohn darf nicht mit der Erhöhung des Zeitlohnsatzes aufgrund einer Leistungsbewertung verwechselt werden. Beim Bonuslohn wird der Zuschlag ausdrücklich von der jeweiligen Erreichung der Normalleistung abhängig gemacht, die mengen- oder zeitmäßig vorgegeben wird, während bei der Leistungsbewertung eine ausgesprochen mengenmäßige Leistungsvorgabe gar nicht möglich ist, und der erhöhte Lohnsatz von vornherein gewährt wird, um eine langfristige persönliche Leistung zu berücksichtigen.

Im Gegensatz zum Bonuslohn mit seinem einmaligen Prämienzuschlag wird bei den „Staffellöhnen" der Prämienzuschlag mehrere Male gewährt[69]. Man setzt in bestimmten Abständen Leistungsmengen q_1, q_2, q_3 . . . fest, bei deren Erreichung die zugehörigen Prozentzuschläge

---

[67] Vgl. auch Schilling, A.: Theorie der Lohnmethoden. Berlin 1919, S. 43 unten und Koch, Matthias: Prämienlöhne. a. a. O., S. 17.

[68] Vgl. Behle, Gertrud: Die Lohnsysteme in Deutschland und den USA. a. a. O., S. 81.

[69] Vgl. die praktischen Beispiele bei Koch, Matthias: Prämienlöhne. a. a. O., S. 17 f.

p_1, p_2, p_3 . . . auf den Stundenverdienst gezahlt werden. Man „staffelt"
also die Prämien. Wählt man als Grundlohn einen Zeitlohn, so erhält
man eine Zeitlohnkurve in mehrfach gebrochener Form:

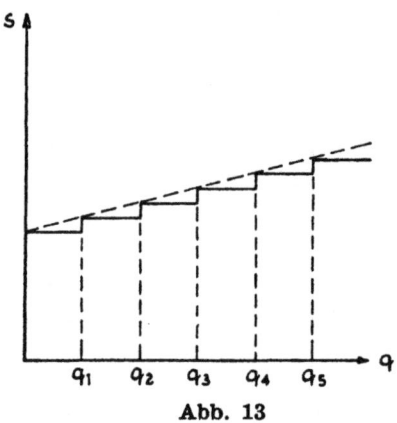

Abb. 13

Die Leistungsmengen q_1, q_2, q_3 . . . können grundsätzlich in beliebigen Abständen festgesetzt werden und die Unstetigkeitspunkte auf
irgendeiner willkürlichen Kurve liegen[70]. Bestimmt man einen konstanten Prämiensatz, gleiche Abstände für die Mengen q_1, q_2, q_3 . . .
und schlägt man die Prämie in Prozenten des ursprünglichen Stundenverdienstes zu, so erhält man einen arithmetisch gestaffelten Prämienzeitlohn[71]:

(26) $$s = s_0 \left(1 + \frac{n \cdot p}{100}\right) \qquad q_n \leqq q < q_{n+1}, \qquad n = 1, 2, 3 \ldots$$

Die graphische Darstellung zeigt Abb. 13.

Wird unter den gleichen Voraussetzungen die Prämie in Prozenten
des jeweilig erreichten Stundenverdienstes zugeschlagen, so gewinnt
man einen geometrisch gestaffelten Prämienzeitlohn (vgl. Abb. 14).

(27) $$s = s_0 \left(1 + \frac{p}{100}\right)^n \qquad q_n \leqq q < q_{n+1}, \qquad n = 1, 2, 3 \ldots$$

In beiden Fällen liegen die Unstetigkeitspunkte auf einer bestimmten
stetigen Kurve, die bei arithmetischer Staffelung eine gerade Linie, bei
geometrischer Staffelung eine transzendente Kurve (Exponentialkurve) ist[72].

---

[70] Vgl. die zahlreichen Beispiele für die Anwendung von Staffellöhnen in
der Landwirtschaft, die der Enquete-Ausschuß in seinem 8. Bande, a. a. O.,
S. 129 ff., wiedergibt.

[71] Kosiol, Erich: Theorie der Lohnstruktur. a. a. O., S. 45.

[72] Kosiol, Erich, a. a. O., S. 43.

Die Staffellöhne weisen aufgrund der Prämiengewährung eine über
den Zeitlohn hinausgehende Tendenz zur mengenmäßigen Arbeitssteigerung auf. Diese Tendenz ist bei einem geometrisch gestaffelten Prämienzeitlohn stärker als bei einem arithmetisch gestaffelten; denn die geo-

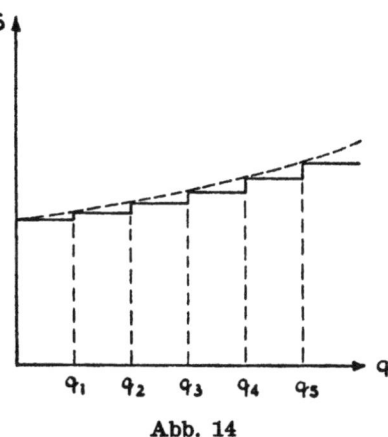

Abb. 14

metrische Staffelung führt bei steigender Leistung zu zunehmenden
Verdienstzuwächsen. Qualität und Permanenz der Leistung sind deshalb beim geometrischen Staffellohn stärker gefährdet als beim arithmetischen.

Weil die Staffellöhne durch geeignete Wahl der Mengenabstände und
der Prozentzuschläge beliebig gestaltet werden können, lassen sie sich
den verschiedenartigen Arbeitsleistungen und betrieblichen Leistungs-
zielen anpassen. Im allgemeinen erstrebt man mithilfe der Staffellöhne
eine grundsätzliche Leistungssteigerung, während der Bonuslohn auf
die Erledigung einer genau bestimmten Leistung abzielt.

Die praktische Anwendung des Staffellohnes soll an dem Beispiel eines
Hochofenbetriebes gezeigt werden, das der Enquete-Ausschuß anführt:
„Die Prämienzahlung setzt für die meisten Arbeitergruppen erst bei
einer Mehrleistung ein, die über eine gewisse Mindestproduktion oder
-leistung hinausgeht. So erhalten die Schmelzer erst bei einer Produktion
über 80 t pro Ofen und Tag eine Prämie von 2 Pfg. pro Tonne Über-
produktion."[73] Es handelt sich hier also um einen von der Mindest-
leistung an regelmäßig-stufigen Staffellohn auf Stückbasis.

Ein psychologischer Mangel der stetigen[74] Prämienlöhne ist der, daß
die Entwicklung des Stundenverdienstes eine gleitende ist und daß sie

[73] Enquete-Ausschuß, Band 4, a. a. O., S. 15.
[74] Mit Kosiol (a. a. O., S. 101 f. und S. 55 f.) unterscheiden wir stetige und
stufige Prämienlöhne. Bei den stetigen Prämienlöhnen wird die Prämie konti-
nuierlich festgesetzt; die Prämienfunktion gilt für jede Menge q (z. B. Halsey-

dem Arbeitenden nicht ein festes Ergebnis seiner Anstrengung vor Augen halten, sondern vielmehr nur ein mehr oder weniger umständliches Endergebnis. Das ist bei den sprungweise sich ändernden Verdienstkurven der Bonus- und Staffellöhne anders. Sie haben gegenüber den stetigen Prämienlöhnen den Vorteil, daß dem Arbeitenden ein genau festgelegter Überverdienst vorschwebt, den er zu erreichen trachtet[75].

Auch bei den Staffellöhnen muß darauf geachtet werden, daß bei *normaler Leistung* ein *normaler Lohn* gezahlt wird, der auf die *jeweilige Arbeitsschwierigkeit* Rücksicht nimmt. Das setzt eine *möglichst exakte Normalgrößenbestimmung* voraus. Liegt beispielsweise die Normalleistung bei $q = q_3$, so muß der Lohn in diesem Punkte der Arbeitsschwierigkeit und der bei dieser Lohnform gegebenen normalen Arbeitsintensität entsprechen.

Durch eine bereits vor Erreichung der Normalleistung eintretende Verdienststaffelung wird vermieden, daß bei zu hoch angesetzter Normalmenge der Anreiz zur Leistungssteigerung überhaupt verloren geht, wie es ja beim Bonuslohn der Fall sein kann. Bei Überschreitung der Normalmenge kann der Arbeitende noch weitere Prämien erlangen, so daß im Gegensatz zum Bonuslohn auch der Anreiz zur Erreichung übernormaler Leistungen besteht. Eine zweckmäßige Wahl der Prämienhöhe kann die mit übernormalen Leistungen verbundene Gefahr für Qualität und Permanenz der Leistung verringern.

Bei der Anwendung von Staffellöhnen muß darauf geachtet werden, daß die in Aussicht gestellten Prämien tatsächlich zu erreichen sind; es ist sinnlos, für übernormale Leistungen, die kaum oder gar nicht erbracht werden können, hohe Prämien anzubieten[76]. Beispiele für Staffellöhne, die in dieser Hinsicht Mängel aufwiesen, hat der Enquete-Ausschuß bei der Befragung von Arbeitnehmern in der Landwirtschaft angetroffen[77].

---

und Rowan-Lohn). Stufige Prämienlöhne beruhen auf einer periodischen Prämienfestsetzung; die Prämienfunktion gilt nur für bestimmte Mengen q_n. Liegt für diese Mengen der Stundenverdienst auf einer angebbaren Kurve (Hüllkurve), so handelt es sich um einen regelmäßigen (-stufigen) Prämienlohn (z. B. arithmetische und geometrische Staffellöhne). Wird die Prämie regellos festgesetzt, so ist ein unregelmäßiger Prämienlohn gegeben. Stetige sind stets auch regelmäßige Prämienlöhne.

[75] Maucher, Herbert: Der Lohn in der Wirtschaft. Vorgetragen und diskutiert im Rahmen der Bildungskurse der Gewerkschafts-Schule Singen-Hohentwiel. Singen 1948, S. 34.
Die gleiche Auffassung wird auch bei Schilling vertreten. Vgl. Schilling, A., a. a. O., S. 43.
Über die Nachteile des Bonus-Prinzips vgl. S. 110.
[76] Vgl. Bülow, Friedrich: Volkswirtschaftslehre. Berlin und Frankfurt am Main 1957, S. 210.
[77] Vgl. Enquete-Ausschuß, Band 8, S. 134 oben.

2. Prämienstücklöhne

Die Prämienzeitlöhne enthalten allgemein eine Tendenz zur zeitlich-quantitativen Arbeitssteigerung, die dem Zeitlohn als Grundlohn fehlt. Diese Tendenz erreicht aber in der Regel nicht die zeitlich-quantitative Wirkung des Stücklohnes. Bei den Prämienstücklöhnen wird nun der Anreiz zur mengenmäßigen Arbeitssteigerung noch dadurch verstärkt, daß zum Stücklohn Prämien hinzutreten. Die zeitlich-quantitative Wirkung der Prämienstücklöhne geht also über die des Stücklohnes hinaus.

a) Progressiver Stücklohn

Wir erhielten beim Halsey-Lohn für k = 0 den Zeitlohn, für 0 < k < 1 den speziellen Halsey-Lohn und für k = 1 den Stücklohn. Wählt man nun k > 1, so gewinnt man eine Lohnform, die in ihrer ökonomischen Wirkung über den Stücklohn hinausgeht. Der allgemeine Halsey-Lohn läßt sich in diesem Falle als Prämienstücklohn kennzeichnen[78].

Ersetzt man das Halsey-Prämienmaß k durch k = k* + 1, so ergibt sich die Formel:

$$(28) \qquad s = l_0 \cdot q + k^* \cdot s_0 \frac{q - q_0}{q_0}, \qquad 0 \leqq k^* < 1$$

Die Halsey-Prämie erscheint als Zuschlag eines Prämienstücklohnes. Im Falle k = 0 liegt Stücklohn vor[79].

Abb. 15 zeigt die graphische Darstellung dieser Lohnform, die allgemein als „progressiver Stücklohn"[80] oder nach Rummel[81] als „überproportionales Gedinge" oder „Steilgedinge" bekannt ist.

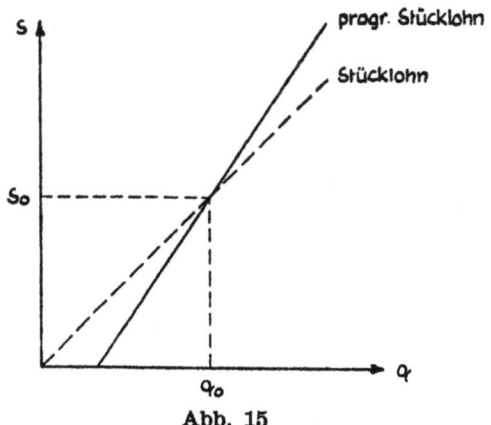

Abb. 15

---

[78] Kosiol, Erich: Theorie der Lohnstruktur. a. a. O., S. 54 und S. 62/63.
[79] Kosiol, Erich, a. a. O., S. 63.
[80] Maucher, Herbert: Der Lohn in der Wirtschaft. a. a. O., S. 31 f.
[81] Rummel, Kurt: Leistungslohn und Lohnarten. a. a. O., S. 248.

Aus dem Verlauf der Stundenverdienstkurve geht hervor, daß der Verdienst mit steigender Leistungsmenge steigt. Die Verdienststeigerung ist überproportional der Mengensteigerung (tg $a > 1$). Der Anreiz zur Erhöhung der Leistungsmenge ist demnach stärker als beim Stücklohn (tg $a = 1$). Der Arbeitende wird versuchen, mindestens die Menge q_0 auszubringen; denn bei dieser Normalleistung erhält er den normalen Stundenverdienst s_0, der der Arbeitsschwierigkeit entspricht. Jede darüber hinausgehende Mengensteigerung führt zu einem starken Anwachsen des Verdienstes, so daß der Arbeitende geneigt ist, seine Mengenleistung erheblich zu steigern.

Daraus ergibt sich eine große Gefahr für Qualität und Permanenz der Leistung, die zwar durch geeignete Wahl des Prämienmaßes gemildert werden kann, die aber als Tendenz besteht. Wegen der Gefährdung qualitativer Leistungen kommt der progressive Stücklohn in erster Linie für solche Arbeiten infrage, bei denen die Mengenleistung im Vordergrund steht. Die Qualität muß scharf kontrolliert werden können.

Gegen die Behauptung, der progressive Stücklohn gefährde die Erhaltung der Arbeitskraft, wird mitunter vorgebracht, der Arbeitende werde sich langfristig auf eine mittlere, ziemlich beständige Leistungshöhe einstellen, die seiner individuellen Fähigkeit und Willigkeit entspreche. Es gibt jedoch mancherlei Umstände, die dagegen sprechen; schon allein die Aussicht, einen verhältnismäßig hohen Mehrverdienst zu erzielen, veranlaßt den Arbeitenden häufig, sich übermäßig anzustrengen; hinzu kommen vielfach noch sportlicher Ehrgeiz und Geltungsbedürfnis, so daß die Gefahr einer Überanstrengung nicht ohne weiteres von der Hand zu weisen ist. Der progressive Stücklohn muß deshalb mit Vorsicht angewandt werden. Er soll auf Ausnahmefälle beschränkt bleiben.

Wenn beispielsweise der reine Stücklohn einmal keinen genügenden Anreiz zur Erreichung besonderer im Betriebsplan vorgesehener Ziele bietet, läßt sich der progressive Stücklohn mit Erfolg anwenden. Er wird auch dann angewandt, wenn es sich um einen Engpaß im Produktionsfluß handelt oder wenn bestimmte Termine eingehalten werden müssen.

Die Einführung des progressiven Stücklohnes wird vielfach mit einer Berücksichtigung der persönlichen Arbeitsanstrengung begründet. Die inneren Widerstände, die sich einer weiteren Mehrleistung entgegenstellen, wachsen mit steigender Leistung. Der Stücklohn, bei dem der Stundenverdienst proportional der geleisteten Stückzahl zunimmt, ist deshalb von einem gewissen Punkte an kein Äquivalent für den Arbeitsaufwand mehr. Hier entspricht der progressive Stücklohn dem Äquivalenzprinzip. Die für eine Mehrleistung erforderliche Mehranstrengung ist aber bei den einzelnen Arbeiten verschieden. Durch geeignete Wahl des

Prämienmaßes kann eine Anpassung an die jeweils auftretende Mehranstrengung erreicht werden.

Glaubt eine gewissenhafte Betriebsleitung, den progressiven Stücklohn einführen zu können, so wird sie nicht an der Tatsache vorbeisehen, daß der bei dieser Lohnform stark ansteigende Verdienst leicht Unfrieden in der Belegschaft stiften kann, weil die Verdienstunterschiede einzelner Arbeiter vielleicht zu groß werden. Im konkreten Falle wird man deshalb alle Gründe für und alle Gründe gegen den progressiven Stücklohn abwägen, um so zu einer Neigung der Stundenverdienstkurve zu gelangen, die den gegebenen Verhältnissen Rechnung trägt.

Es darf auch nicht übersehen werden, daß heute ein gesteigertes Lohneinkommen eine größere Steuerbelastung mit sich bringt. Die Steuerprogression kann einen Mehrlohn wieder rückgängig machen[82]. Der Arbeitende hat sich dann umsonst angestrengt, und eine starke Progression in der Lohnform verliert ihre Anreizwirkung.

Beim progressiven Stücklohn ist ganz besonders auf eine genaue Normalgrößenbestimmung zu achten, weil bei ungenauer Leistungsvorgabe noch größere Verdienststreuungen auftreten als beim reinen Stücklohn. So führt Laiß[83] als Grund dafür, daß der progressive Stücklohn in Mitteldeutschland kaum angewandt wird, die Tatsache an, daß „... die technischen Arbeitsnormen ... noch nicht den geforderten Bedingungen entsprechen[83]".

b) Bonus- und Staffellöhne

Das Prinzip, eine zeitlich-quantitative Arbeitssteigerung durch die Gewährung eines einmaligen oder mehrfachen Zuschlags zum Grundlohn zu erstreben (sogenanntes Bonusprinzip[84]), ist auch beim Stücklohn anwendbar.

Der bekannteste Prämienstücklohn, der den Charakter eines Bonuslohnes trägt, ist der Taylor-Lohn, ein einstufiger Prämienstücklohn mit fixer Stückprämie[85]. Man ermittelt zunächst die Normalmenge q_0[86]. Bei normaler Leistung würde sich dann ein der Arbeitsschwierigkeit entsprechender Stundenverdienst von

$$(28) \qquad\qquad s_0 = l_0 \cdot q_0$$

ergeben. Nun wird aber bestimmt, daß bei Erreichen oder Überschreiten

---

[82] Vgl. Hohmann, Emil: Steuertarife und Lohngruppen hemmen die Leistung. Mensch und Arbeit, 4. Jahrgang, München 1952, Heft 8, S. 233.

[83] Laiß, Gerhard: Fragen der technischen Arbeitsnormung und ihre Zusammenhänge mit den Fertigungsverfahren und Lohnformen. Dissertation Leipzig 1953, S. 167.

[84] Nach Schilling, A.: Theorie der Lohnmethoden. Berlin 1919, S. 42.

[85] Kosiol, Erich: Theorie der Lohnstruktur. a. a. O., S. 66.

[86] Taylor ging dabei von der Leistung des besten Arbeiters im Betriebe aus, während heute die Normalleistung im gekennzeichneten Sinne zugrundegelegt wird.

der Normalmenge ein um B % erhöhter Stücklohnsatz zur Anwendung kommt[87].

(30)
$$s = l_0 \left(1 + \frac{B}{100}\right) \cdot q \qquad q \geqq q_0$$

Bei unterschrittener Normalleistung wird der Stücklohnsatz um b % vermindert[87]:

(31)
$$s = l_0 \left(1 - \frac{b}{100}\right) \cdot q \qquad q < q_0$$

Die graphische Darstellung des Taylor-Lohnes zeigt Abb. 16:

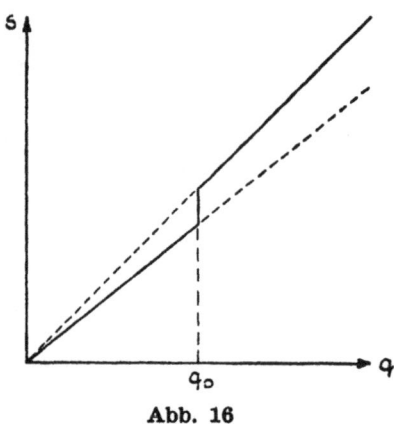

Abb. 16

Man erkennt, daß bei dieser Lohnform der Anreiz zur Erreichung der Normalleistung sehr groß ist. Liegt nämlich die Leistung unter der Normalleistung, so erhält der Arbeitende einen Lohn, der bewußt niedrig gehalten ist[88], während bei Normalleistung ein stark erhöhter Lohnsatz gezahlt wird. Da auch weitere Mengensteigerungen höher entlohnt werden, enthält der Taylor-Lohn eine starke Tendenz zur zeitlich-quantitativen Arbeitssteigerung, die Qualität und Permanenz der Leistung gefährdet.

Deshalb ist der Taylor-Lohn nur bei solchen Arbeitsarten anwendbar, bei denen es in erster Linie auf eine hohe Mengenausbringung ankommt und bei denen die Leistungsqualität kontrolliert werden kann.

Von größter Wichtigkeit ist auch eine genaue Ermittlung der Normalgröße. Wird die Normalmenge zu hoch angesetzt, so ist ihre Erreichung schwer möglich und die Lohnform verliert ihre Anreizwirkung. Bei zu niedrig gehaltener Normalmenge kommt es leicht zu unverdient hohen Entgelten.

---

[87] Kosiol, Erich: Theorie der Lohnstruktur. a. a. O., S. 65.
[88] Der Lohn kann nicht unter die gesetzlich oder tariflich festgelegte Mindesthöhe sinken.

Soll aus betriebspolitischen Gründen eine Leistungssteigerung über die Normalmenge hinaus vermieden werden, so kann der im Taylor-Lohn noch enthaltene weitere Lohnanreiz abgebaut werden. Die Stundenverdienstkurve verläuft dann nach Erreichung der Normalmenge wie die des Zeitlohnes:

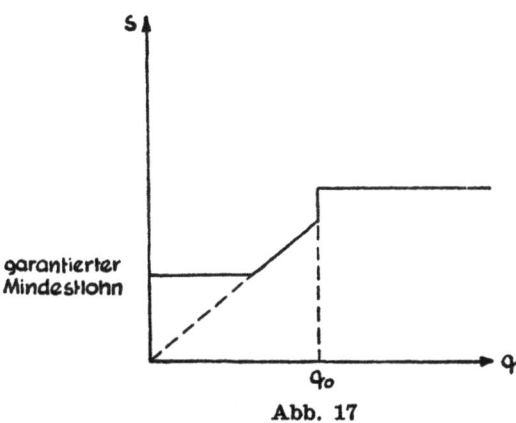

Abb. 17

Bei dieser Lohnform ist unter der Voraussetzung einer genauen Normalgrößenbestimmung die Gefahr der Überanstrengung beseitigt. Wegen der hohen Prämie ist die Ausbringung der Normalmenge sehr wahrscheinlich. Weil bei Unterleistung der Verdienst bis auf den gesetzlich oder tariflich bestimmten Mindestlohn sinken kann, wird auch von dieser Seite her ein Anreiz zur Erreichung der Normalleistung gegeben.

Ebenso wie bei den Prämienzeitlöhnen kann auch beim Prämienstücklohn eine Staffelung der Zuschläge erfolgen. Man setzt wieder bestimmte Leistungsmengen q_1, q_2, q_3 ... fest. Wird eine festgelegte Menge q_n erreicht, so erhöht sich der Stundenverdienst um die Prämie d_n. Die Gleichung für den gestaffelten Prämienstücklohn lautet[89]:

(32) $$s = l_0 \cdot q + d_n \qquad q_n \leqq q < q_{n+1}, \quad n = 1, 2, 3, \ldots$$

Die graphische Darstellung eines solchen Prämienstücklohnes zeigt Abb. 18 auf S. 106.

Die Stundenverdienstkurve weist an den vorgesehenen Stellen Sprünge auf. Zwischen zwei Sprungstellen steigt der Stundenverdienst linear. Auch der Prämienstücklohn kann arithmetisch (wie in Abb. 18) oder geometrisch gestaffelt werden. Die Leistungsmengen q_1, q_2, q_3 ... können in beliebigen Abständen festgelegt werden. Es lassen sich regelmäßige (Abb. 18) und unregelmäßige Staffellöhne bilden. Der Zuschlag kann

---

[89] Kosiol, Erich: Theorie der Lohnstruktur. a. a. O., S. 60.

zum Stundenverdienst (Abb. 18) oder zu den Lohnkosten erfolgen. Durch diese verschiedenen Möglichkeiten ist eine Anpassung an die jeweilige Arbeitsart und an das betriebliche Leistungsziel möglich.

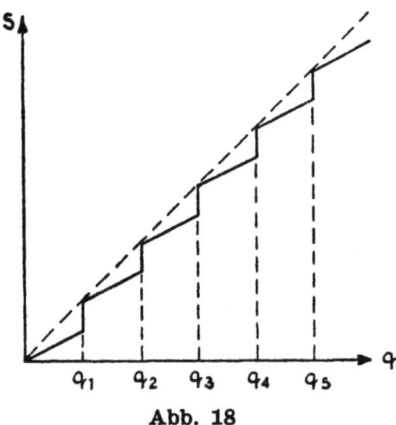

Abb. 18

Eine geometrische Staffelung der Zuschläge zu einem Stücklohn als Grundlohn würde eine scharfe Betonung der zeitlich-quantitativen Arbeitssteigerung bedeuten und nur bei solchen Arbeiten anwendbar sein, bei denen es hauptsächlich auf die Leistungsmenge ankommt.

Der Prämienstücklohn als Staffellohn bezweckt eine allgemeine Steigerung der Produktion[90]. Es soll nicht ein bestimmtes Pensum erreicht werden, sondern eine Leistungssteigerung, die letztlich ihre Grenzen in der menschlichen Leistungsfähigkeit findet. Damit sind Qualität und Permanenz der Leistung sehr stark gefährdet. Eine solche Lohnform ist deshalb nur in Ausnahmefällen anwendbar, z. B. dort, wo kurzfristig höchste Arbeitsintensität geboten ist[91].

Wird beim einstufigen Prämienstücklohn die Normalmenge zu hoch angesetzt, so besteht die Gefahr einer Wirkungslosigkeit des Lohnanreizes, wie es auch beim entsprechenden Prämienzeitlohn der Fall ist. Durch vorher eingeschobene Prämien vermeidet der gestaffelte Prämien-

---

[90] In seinem 6. Band berichtet der Enquete-Ausschuß über die Anwendung verschiedener Prämienstücklöhne (Staffellöhne) in der Textilindustrie. Der Ausschuß stellt dann — allerdings mit einigen Einschränkungen — zusammenfassend fest, daß diese Prämienlöhne „nach den in mündlicher Verhandlung von Werksleitung und Betriebsvertretung übereinstimmend gemachten Angaben einen Anreiz auf den Leistungswillen der Arbeiter ausgeübt haben" und daß darüber hinaus der gesteigerte Arbeitsrhythmus der Prämienarbeiter auch die Leistung in solchen Abteilungen gesteigert habe, in denen keine Prämienlöhne gezahlt wurden. Vgl. Enquete-Ausschuß, Band 6, a. a. O., S. 115, ferner S. 122.

[91] Vgl. die tpischen Beispiele bei Koch, Matthias: Prämienlöhne. a. a. O., S. 42 ff. Vgl. auch Schloß-Bernhard: Handbuch der Löhnungsmethoden. a. a. O., S. XXVII.

stücklohn diese Möglichkeit. Die Staffel muß aber so aufgebaut sein, daß in der Nähe der vermuteten Normalleistung der normale Stundenverdienst erreicht wird.

Ist aus Gründen der Gefahr für Qualität und Permanenz der Leistung oder aus absatzpolitischen Gründen die Anwendung des gestaffelten Prämienstücklohnes nicht mehr zu rechtfertigen, so lassen sich die Staffelprämien abbauen. Auf diese Weise wird der starke Anreiz zur mengenmäßigen Leistungssteigerung abgeschwächt. Die Staffelprämien gestatten also sowohl die Anpassung an eine steigende als auch an eine sinkende Beschäftigungslage[92].

3. Gedinge

Es sollen nun noch zwei Lohnformen Erwähnung finden, die in der Literatur als „beschleunigtes Gedinge"[93] und als „wechselndes Gedinge"[94] bezeichnet werden. Nach Henzler[95] ist der Umfang der praktischen Bedeutung dieser Lohnformen zwar schwer zu ermitteln[96], Henzler schenkt diesen Lohnformen aber Beachtung, „weil sie für das Verhältnis von Lohn ... und Leistung ... von Bedeutung sein können[95]". Diese Bedeutung soll im folgenden aufgezeigt werden.

a) Beschleunigtes Gedinge

Zur Kennzeichnung des beschleunigten Gedinges greifen wir auf die Darstellung von Peter[97] zurück (Abb. 19, S. 108), der bei der Konstruktion dieser Lohnform vom Stücklohn ausgeht, während Rummel[98] als Ausgangspunkt einen Halsey-Lohn wählt. Für Abb. 19 ist

$s = tg (a \cdot q) + g$, wobei $tg\, a = \dfrac{s_0}{q_0}$ ist und g den garantierten Mindestlohn darstellt.

Die graphische Darstellung zeigt, daß der Stundenverdienst mit steigender Leistungsmenge zunächst nur langsam, dann aber immer stärker zunimmt. Im Punkte $(q_0; s_0)$ wird die Stundenverdienstkurve von der

---

[92] Vgl. auch Oboth, Heinrich: Der gegenwärtige Stand der Prämienlöhne in der Industrie. Diplomarbeit Freie Universität Berlin 1952, S. 52/53.

[93] Vgl. Rummel, Kurt: Leistungslohn und Lohnarten. a. a. O., S. 248. Rummel bringt dort eine Übersicht über „alle Lohnsysteme, die es gibt und die es noch nicht gibt" (S. 248). Während Rummel aber tatsächlich nur einige typische Stundenverdienstverläufe entwirft, gibt Kosiol genau an, wie eine beliebige Lohnform entwickelt werden kann. Vgl. Kosiol, Erich: Theorie der Lohnstruktur. a. a. O., S. 101, insbesondere S. 102.

[94] Rummel, Kurt: Leistungslohn und Lohnarten. a. a. O., S. 251. Die Bezeichnung „wechselndes Gedinge" wendet Peter an. (Peter, Hans: Sind Prämienlöhne Leistungslöhne? a. a. O., S. 86 f.)

[95] Henzler, Reinhold: Leistung und Lohn. a. a. O., S. 95.

[96] Ochs, Richard: Grundlagen, Arten und Probleme des Leistungslohnes (Verhältnis von Leistung und Lohn). a. a. O., S. 305 ff., führt zwei Beispiele für die Anwendung von beschleunigten Gedingen im Kohlenbergbau an.

[97] Peter, Hans: Sind Prämienlöhne Leistungslöhne? a. a. O., S. 87.

[98] a. a. O., S. 248.

Stücklohngeraden tangiert. Bei Normalleistung erhält der Arbeitende also denselben Lohn wie im Stücklohnverfahren. s_0 soll entsprechend der Arbeitsschwierigkeit festgelegt und q_0 als Normalgröße möglichst exakt bestimmt werden.

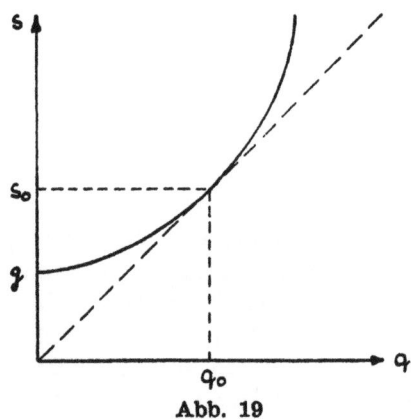

Abb. 19

Im Gegensatz zum reinen Stücklohnverfahren garantiert die dargestellte Lohnform des beschleunigten Gedinges einen Mindestverdienst. Bei Leistungen, die unter der Normalleistung liegen, ist der Verdienst größer als beim reinen Stücklohn. Die Verdienstzunahme ist zunächst geringer als beim Stücklohn, später tritt jedoch bei einer Mengensteigerung eine wesentlich größere Verdienstzunahme als beim Stücklohn ein. Der Anreiz zur Leistungsmengensteigerung wird dann sehr stark und geht über die quantitative Wirkung des Stücklohnes hinaus, so daß das beschleunigte Gedinge den *Charakter eines Prämienstücklohnes (mit stetiger Prämie)* trägt.

Daraus läßt sich ohne weiteres die Gefahr für Qualität und Permanenz der Leistung erkennen. Diese Lohnform ist nur bei solchen Arbeiten anwendbar, bei denen die Qualität der Erzeugnisse durch das hohe Arbeitstempo kaum gemindert werden kann, wie es z. B. in Urproduktionsbetrieben (Bergbau) der Fall ist[99]. Wegen der Gefährdung permanenter Leistungen ist die dauernde Anwendung des beschleunigten Gedinges nicht zu empfehlen und wohl nur dann angebracht, wenn kurzfristig die Mengenleistung um jeden Preis gesteigert werden soll.

Peter weist darauf hin, daß das beschleunigte Gedinge zur Berücksichtigung besonderer Arbeitsanstrengungen geeignet sei. Einer zunächst großen Steigerung der Leistungsmenge bei geringer Mehranstrengung entspreche der flach beginnende Kurvenverlauf. Der immer

---

[99] Vgl. Ochs, Richard, a. a. O., S. 305 ff.

steiler werdende Verlauf der Kurve bringe die verhältnismäßig immer
größer werdende Mehranstrengung zum Ausdruck[100]. Der Kurvenverlauf
kann auch der bei jeder Arbeit verschiedenen Mehranstrengung angepaßt
werden. Es bleibt jedoch zu bedenken, daß die Entlohnung der aufgewandten Mehranstrengung inform des beschleunigten Gedinges nicht
die Gefahr für die Leistungspermanenz beseitigt und im Gegenteil sogar
dazu angetan ist, diese Gefahr noch zu erhöhen. Das beschleunigte Gedinge kann nur in Ausnahmefällen angewandt werden.

Zu betonen ist noch, daß eine genaue Normalgrößenbestimmung beim
beschleunigten Gedinge aus denselben Gründen erforderlich ist wie
etwa beim Stücklohn.

b) Wechselndes Gedinge

Rummel[101] geht davon aus, daß an eine Lohnform die verschiedensten
Anforderungen gestellt werden können und daß man diesen Anforderungen manchmal nur durch einen „verwickelten" Verlauf der Stundenverdienstkurve gerecht werden kann[102]. Als Beispiel entwirft Rummel
die Lohnform des wechselnden Gedinges:

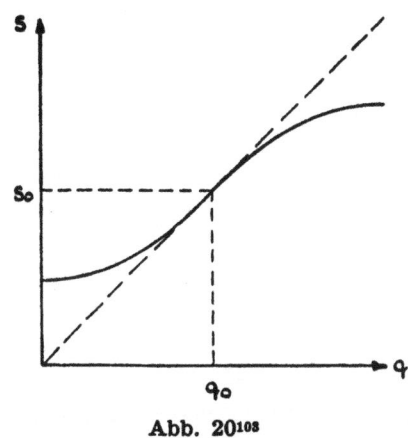

Abb. 20[103]

---

[100] Peter, Hans: Sind Prämienlöhne Leistungslöhne? a. a. O., S. 99.

[101] a. a. O., S. 251 f.

[102] Rummel weist nach, daß selbst bei komplizierten Stundenverdienstkurven die Lohnabrechnung mithilfe von Schaubildern und Zahlentafeln
verhältnismäßig einfach ist.

Rummel, Kurt, a. a. O., S. 252 f.

[103] Nach Rummel, Kurt: Leistungslohn und Lohnarten. a. a. O., S. 251. Eine
solche Funktion läßt sich mithilfe trigonometrischer Funktionen darstellen.
Rummel trägt auf der Abszisse das Verhältnis der tatsächlichen zur normalen Leistung (Leistungsgrad) und auf der Ordinate das Verhältnis des tatsächlichen Verdienstes zum Normalverdienst (Verdienstgrad) ab. Die Eigen-
tümlichkeit des Rummelschen Gedinges kommt aber auch zum Ausdruck,
wenn wir unsere bisherigen Parameter beibehalten.

Beim wechselnden Gedinge wird zunächst ein höherer Lohn gezahlt als beim Stücklohn. Die Abnahme des Stundenverdienstes im Falle einer Unterleistung ist nicht so stark wie beim Stücklohn. Bei Normalleistung wird ein normaler Lohn gezahlt, der dem Lohn im Stücklohnverfahren bei gleicher Leistung entspricht. Dann nimmt der Stundenverdienst aber im Verhältnis zur steigenden Leistungsmenge ab, so daß außergewöhnlich hohe Verdienste ausgeschlossen werden.

Eine allgemeine Tendenz zur zeitlich-quantitativen Arbeitssteigerung liegt jedoch vor, denn mit steigender Leistungsmenge steigt auch der Verdienst. Die Gefahr für Qualität und Permanenz der Leistung wird aber dadurch gemindert, daß der Anreiz zur Leistungssteigerung bei Überschreitung der Normalmenge immer schwächer wird. Die erforderliche Mehranstrengung entspricht schließlich nicht mehr dem Mehrverdienst und der Arbeitende wird deshalb eine weitere zeitlich-quantitative Arbeitssteigerung unterlassen.

Die Anwendung des wechselnden Gedinges ist von Vorteil, wenn die Normalleistung aus irgendwelchen Gründen nicht exakt bestimmt werden konnte. In der Nähe der Vorgabeleistung wird nämlich ein besonders starker Lohnanreiz zur Erstellung der vermuteten Normalleistung ausgeübt, bei deren Erreichung der normale Verdienst erzielt wird. Ist die normale Leistungsmenge zu hoch angesetzt, werden die „Minderleistungen" in ihrer Wirkung abgedämpft, weil der Verdienst dann noch verhältnismäßig hoch liegt, und die Neigung der Kurve mit abnehmender Leistung geringer wird. Umgekehrt führen bei zu niedrig festgesetzter Normalmenge die „Mehrleistungen" nicht zu einem überstarken und unverdienten Mehrlohn.

Das wechselnde Gedinge kann dazu beitragen, daß eine in quantitativer und qualitativer Hinsicht optimale Leistung erbracht wird. Wenn nämlich diese optimale Leistung bei q_0 liegt, dann konzentriert der in der Nähe von q_0 sehr starke Lohnanreiz die Leistung auf diese Menge.

Das Ziel einer optimalen Leistungskonzentration kann auch mithilfe der Bonuslöhne erstrebt werden. Wie bereits erwähnt, haben die Bonuslöhne auch den Vorteil, daß sie dem Arbeitenden ein genaues Ziel vor Augen halten. Andererseits besteht aber der Nachteil der sprunghaft sich ändernden Prämienlöhne darin, daß die Leistungen kurz vor der Sprungstelle nicht berücksichtigt werden. Demgegenüber erlauben die stetigen Prämienlöhne auch die Berücksichtigung dieser Leistungen.

D. Zusammenfassung

Das Äquivalenzprinzip fordert die Übereinstimmung von Leistung und Lohn. Nach unserer heutigen Auffassung ist der Grundsatz der leistungsgerechten Entlohnung dann weitgehend verwirklicht, wenn sowohl der allgemeinen Arbeitsschwierigkeit als auch der individuellen Leistung im Entgelt Rechnung getragen wird. Der allgemeine *Grundsatz der Äquivalenz von Lohn und Leistung* enthält also als Unterfälle erstens das *Prinzip der Äquivalenz von Lohn und Arbeitsschwierigkeit* und zweitens das *Prinzip der Äquivalenz von Lohn und Leistungsgrad*.

Die Arbeitsschwierigkeit wird mithilfe einer Arbeitsbewertung ermittelt und im Lohnsatz berücksichtigt. Dabei ist eine Normalleistung unterstellt. Die von der Normalleistung abweichenden persönlichen Leistungsschwankungen können auf dem Wege über eine Leistungsbewertung im Lohnsatz zum Ausdruck kommen (bei Zeitlohn) oder im Rahmen einer besonderen Lohnform berücksichtigt werden. Ist das letztere der Fall, so dient als Grundlage der Entlohnung die Normalgrößenbestimmung, die möglichst genau vorgenommen werden muß.

Die Anpassung des Lohnes an die Leistung verfolgt betriebswirtschaftlich das Ziel, die Arbeitsleistung zu beeinflussen. Dabei ist es *keineswegs* immer erwünscht, daß die *Leistung einem Maximum* zustrebt, es kommt vielmehr darauf an, daß die Lohnverfahren die Tendenz zur *Erreichung der für den Betrieb optimalen Leistung* enthalten[1]. Während die Differenzierung der Lohnsätze nach Maßgabe der Arbeitsschwierigkeit lediglich eine allgemeine Tendenz in Richtung auf eine Steigerung der gesamten Arbeitsleistung hervorruft, kann mithilfe der Lohnformen das jeweils gewünschte Ausmaß an quantitativer und qualitativer Leistung erstrebt werden.

Die Bedeutung der Lohnformen liegt aber nicht nur darin, daß sie die Möglichkeit bieten, das jeweilige Leistungsziel anzustreben. Mag die Lohndifferenzierung auch zur Leistungssteigerung wesentlich beitragen, so haben die Lohnsätze doch stets langfristigen Charakter und werden leicht zur Gewohnheit, die Lohnformen bieten aber die Möglichkeit, kurzfristig ein Mehr an Lohn zu erzielen. Ihr Lohnanreiz ist deshalb ständig wirksam und stärker als der der Lohnsätze. Darin liegt eine weitere wichtige Bedeutung der Lohnformen. Wir haben in diesem Zu-

---

[1] Vgl. Kosiol, Erich: Steigerung von Wirtschaftlichkeit und Produktivität in Unternehmungen. Zeitschrift für Betriebswirtschaft, 22. Jahrgang, Wiesbaden 1952, S. 549.

sammenhang von dem *Prinzip der Kurzfristigkeit des Lohnanreizes* gesprochen.

Es läßt sich jede beliebige Lohnform konstruieren, und jede beeinflußt Quantität, Qualität und Permanenz der Leistung in anderer Weise. Es kommt darauf an, im Einzelfalle diejenige Lohnform zu wählen, die unter den gegebenen Arbeitsverhältnissen dem Grundsatz der Äquivalenz von Lohn und Leistung entspricht.

Von den bekannten Entlohnungsmethoden haben zwei Lohnformen aufgrund der Entwicklung der Entlohnungsgrundlagen eine zunehmende praktische Bedeutung erlangt: der Zeitlohn und der Stücklohn.

Der Zeitlohn, der lange Zeit hindurch besonders deshalb von den Betriebsleitungen abgelehnt wurde, weil er keinen Anreiz zur Leistungssteigerung bot, ist heute im Rahmen eines wohldurchdachten Lohnsystems durchaus mit Erfolg anwendbar. Zwar bietet seine Struktur keinen unmittelbaren Anreiz zur Leistungssteigerung; lediglich Qualität und Permanenz der Leistung werden mittelbar gefördert. Wenn aber in einem Betriebe eine leistungsfördernde Differenzierung der Lohnsätze auf der Basis einer analytischen Arbeitsbewertung vorliegt, so ist damit schon eine wichtige Bedingung für die Entfaltung der menschlichen Arbeitsleistung erfüllt und die Lohnregulierung mithilfe einer Leistungsbewertung kann darüber hinaus einen direkten Anreiz zur Leistungssteigerung geben.

In einem solchen Lohnsystem ist durchaus Platz für den Zeitlohn. *Die dem Zeitlohn fehlende Tendenz zur Leistungssteigerung wird hier durch die leistungsfördernde Wirkung der Lohndifferenzierung und durch die direkte Anreizwirkung der Leistungsbewertung ersetzt.* Die Einführung einer Arbeits- und Leistungsbewertung bietet also dem Zeitlohn weit mehr Anwendungsmöglichkeiten, als es vor der Entwicklung dieser Entlohnungsgrundlagen der Fall war[2].

Aber auch der *Stücklohn* hat seine Berechtigung als ausgesprochener Quantitätslohn nicht verloren. Im Gegenteil, *durch die Verfeinerung der Methoden zur Normalgrößenbestimmung ist eine wesentliche Schwierigkeit seiner praktischen Anwendung weitgehend behoben worden.* Die

---

[2] Die Aussage wird durch die bereits mehrfach erwähnte empirische Untersuchung bestätigt, die vom Arbeitskreis für soziale Betriebspraxis, München, im Frühjahr 1952 bei 84 Betrieben verschiedener Branchen mit insgesamt 95 121 Beschäftigten in Westdeutschland durchgeführt wurde (Goossens, Franz: Die Praxis der Lohnformen. a. a. O.). Als Ergebnis der Untersuchung wird nämlich besonders „der relativ hohe Anteil von im Zeitlohn beschäftigten Arbeitern" (S. 63) hervorgehoben. Es heißt: „Der Zeitlohn, vielfach in Verbindung mit Leistungszulagen, wird manchmal auch dort angewandt, wo vergleichbare Betriebe nur Akkordarbeit kennen. Andererseits scheint der reine Stundenlohn verdrängt zu werden von einem Stundenlohn plus Prämie" (S. 63). Mit „Stundenlohn plus Prämie" ist die Leistungsbewertung gemeint (vgl. a. a. O., S. 28/29 und S. 82/83).

Normalgrößen werden heute fast überall nach dem *Refa*-System ermittelt[3] und ermöglichen den erfolgreichen Einsatz des Stücklohnverfahrens als eines Mittels zur Steigerung der Mengenausbringung. Der Stücklohn verdankt also ebenso wie der Zeitlohn seine heutige Verbreitung der Entwicklung der Entlohnungsgrundlagen.

Wenn die Elementarlohnformen auch weitgehend verwendet werden können, so ist die Anwendung der *Prämienlöhne* doch vielfach deshalb günstiger, weil sie *in ihren mannigfaltigen Erscheinungsformen eine Anpassung an die Arbeitsart erlauben* und weil sie *Quantität und Qualität der Leistung im gewünschten Umfange* beeinflussen können. Die *Prämienlöhne* erweisen sich damit als ein *wichtiges Instrument der betrieblichen Leistungspolitik.*

Daß auch die Prämienlohnformen in den Rahmen eines leistungsgerechten Lohnsystems eingebaut sein müssen, ist eine Forderung, die sich aus dem Grundsatz der Lohn- und Leistungsgerechtigkeit ergibt. Es ist herausgestellt worden, daß es der Mechanismus der einzelnen Prämienlöhne erlaubt, *bei normaler Leistung den zugesicherten Normallohn zu gewähren,* der der Arbeitsschwierigkeit entspricht.

Es sind also mancherlei Maßnahmen erforderlich, um eine leistungsfördernde Entlohnung zu verwirklichen. Die Aufgabe der leistungsgerechten Entlohnung und der Leistungssteigerung auf dem Wege über den Lohn kann nicht durch die Wahl einer geeigneten Lohnform allein gelöst werden. Solche Bestrebungen, die eine gewisse Zeit hindurch auf dem Gebiete des Lohnwesens im Vordergrund gestanden haben, sind durch die Bemühungen um den Ausbau der Entlohnungsgrundlagen ergänzt worden. Erst die *Schaffung geeigneter Grundlagen* gewährleistet einen ökonomisch *richtigen Einsatz* der *einzelnen Lohnformen.* Wenn in einem Lohnsystem diese Grundlagen in ausreichendem Maße entwickelt sind, kann mithilfe einer geeigneten Lohnform die Leistung in der jeweils erforderlichen Weise beeinflußt werden. Durch den Aufbau solcher *Lohnsysteme* in den Betrieben wird das Problem der leistungsgerechten Entlohnung einer praktischen Lösung nähergebracht.

---

[3] Goossens, Franz: Die Praxis der Lohnformen. a. a. O., S. 31.

Literaturverzeichnis

a) Selbständige Bücher und Schriften

Ausschuß zur Untersuchung der Erzeugungs- und Absatzbedingungen der deutschen Wirtschaft (Enquete-Ausschuß). Verhandlungen und Berichte des Unterausschusses für Arbeitsleistung (IV. Unterausschuß). Zusammensetzung des Ausschusses: Vorsitzender: *Heyde*, Ludwig; Stellvertretender Vorsitzender: *Tarnow*, Fritz; Wissenschaftlicher Sekretär: *Lipmann*, Otto; Mitglieder: *Baltrusch*, Friedrich, *Heyde*, s. o., *Koenen*, Wilhelm, *Lang*, Emil, *Müller*, Georg, *Tarnow*, s. o., *Wienbeck*, Erich, *Zahn*, Fr., *Zimmermann*, Waldemar; Ständige Sachverständige: *Alexander*, Eduard, *Leopold*, Bernhard, *Naphtali*, Fritz, *Tiburtius*, Joachim, *v. Zwiedineck-Südenhorst*; Generalberichterstatter: *Naphtali*, s. o., *Tiburtius*, s. o.:

Band 1: Arbeitszeit, Arbeitslohn und Arbeitsleistung. Problemstellung und Methodik der Untersuchungen. Berlin 1927.

Band 2: Die Arbeitsverhältnisse im Steinkohlenbergbau in den Jahren 1912 bis 1926, dargestellt auf Grund der dem Arbeitsleistungsausschuß vorliegenden Materialien und der Verhandlungsergebnisse. Berlin 1928.

Band 3: Die Arbeitsleistung im Braunkohlenbergbau in den Jahren 1913 bis 1926, ihre Veränderungen und deren Ursachen, dargestellt auf Grund der dem Arbeitsleistungsausschuß vorliegenden Materialien und der Verhandlungsergebnisse. Berlin 1928.

Band 4: Arbeitszeit, Arbeitslohn und Arbeitsleistung im Hochofenbetriebe. Berlin 1929.

Band 5: Die Arbeitsleistung im Maurergewerbe. Berlin 1930.

Band 6: Die Arbeitsleistung in der Textilindustrie in den Jahren 1913 bis 1927, ihre Veränderungen und deren Ursachen, dargestellt auf Grund der dem Arbeitsleistungsausschuß vorliegenden Materialien und der Verhandlungsergebnisse. Berlin 1930.

Band 7: Die Arbeitsleistung in Stahl- und Walzwerken und ihre Abhängigkeit von Arbeitszeit, Arbeitslohn und anderen Faktoren, dargestellt auf Grund der dem Arbeitsleistungsausschuß vorliegenden Materialien und der Verhandlungsergebnisse. Berlin 1930.

Band 8: Die Arbeitsleistung in landwirtschaftlichen Betrieben und ihre Abhängigkeit von Arbeitszeit, Arbeitslohn und anderen Faktoren, dargestellt auf Grund der dem Arbeitsleistungsausschuß vorliegenden Materialien und der Verhandlungsergebnisse. Berlin 1930.

Band 9: Zusammenfassender Bericht über die Ergebnisse der Arbeiten des Arbeitsleistungsausschusses. Berlin 1930.

Bauer, Adolf und *Brengel*, Albert: Richtlinien und Anweisungen zur Durchführung der Arbeitsbewertung in der Praxis. Stuttgart 1948.

Böhrs, Hermann, *Bramesfeld*, Erwin und *Euler*, Hans: Einführung in das Arbeits- und Zeitstudium. Grundlagen und Praxis des Arbeits- und Zeitstudiums, Band 1, herausgegeben von Erwin Bramesfeld, Hans Euler und Kurt Pentzlin. München 1948.

Böhrs, Hermann: Probleme der Vorgabezeit. München 1950.

Bramesfeld, Erwin und *Graf*, Otto: Praktisch-psychologischer und arbeitsphysiologischer Leitfaden für das Arbeitsstudium. Grundlagen und Praxis des Arbeits- und Zeitstudiums, Band 3, herausgegeben von Erwin Bramesfeld, Hans Euler und Kurt Pentzlin. München 1949.

Brengel, Albert: Die Bewertung der Arbeit. Eine Darstellung ihrer Probleme. Berlin 1942.

Bülow, Friedrich: Volkswirtschaftslehre. Eine Einführung in das wirtschafts- und sozialwissenschaftliche Denken. Berlin und Frankfurt am Main 1957.

Burgess, Eugene W. u. a.: Betriebsführung auf neuen Wegen. Baden-Badener Gespräche. Herausgegeben vom Bundesverband der Deutschen Industrie und dem Rationalisierungs-Kuratorium der Deutschen Wirtschaft unter Mitwirkung von E. Arthur Boyan, Eugene W. Burgess, E. Henry Niles, Henry L. Nunn und William M. Shephard. Berlin 1952.

Euler, Hans und *Stevens*, Hans: Unterlagen und Anleitungen für die analytische Arbeitsbewertung (als Hilfsmittel für die Leistungsentlohnung). Sonderdruck aus: Werkstatt und Betrieb, 81. Jahrgang 1948, Heft 3 und 4. München o. J.

Euler, Hans: Die betriebswirtschaftlichen Grundlagen und Grundbegriffe des Arbeits- und Zeitstudiums. Grundlagen und Praxis des Arbeits- und Zeitstudiums, Band 2, herausgegeben von Erwin Bramesfeld, Hans Euler und Kurt Pentzlin. München 1949.

Euler, Hans und *Stevens*, Hans: Die analytische Arbeitsbewertung als Hilfsmittel zur Bestimmung der Arbeitsschwierigkeit. Düsseldorf 1950.

Euler, Hans, Hans *Stevens*, Fritz *Schilling*, Rudolf *Schoppe* und Erwin *Bramesfeld*: Analyse und Bewertung von Angestelltentätigkeiten. Sozialwirtschaftliche Schriftenreihe, Heft 5, herausgegeben vom Ausschuß für Sozialwirtschaft der Wirtschaftsvereinigung Eisen- und Stahlindustrie. Düsseldorf 1953.

Euler, Hans: Tarif, Arbeitswert und Entgelt. Sozialwirtschaftliche Schriftenreihe, Heft 8, herausgegeben vom Ausschuß für Sozialwirtschaft der Wirtschaftsvereinigung Eisen- und Stahlindustrie. Düsseldorf 1954.

Goossens, Franz: Die Praxis der Lohnformen. Eine Untersuchung des Arbeitskreises für soziale Betriebspraxis. München, im Frühjahr 1952, herausgegeben von der Arbeitsgemeinschaft für soziale Betriebsgestaltung, Heidelberg, 12. Beiheft zu: Mensch und Arbeit. München/Düsseldorf 1952.

Görres, C. J.: Gerechter Lohn mit und ohne Refa. Stuttgart 1950.

Görres, C. J.: Prämienlohn als Leistungsspiegel. Stuttgart 1951.

Gutenberg, Erich: Grundlagen der Betriebswirtschaftslehre. 1. Band: Die Produktion. 2. Auflage, Berlin-Göttingen-Heidelberg 1955.

Hagner, E. W. und *Weng*, H.: Arbeitsschwierigkeit und Lohn. Köln 1951.

Hohmann, Emil: Arbeitsbewertung in der Industrie. Leitfaden für Einführung der Arbeitsbewertung in die betriebliche Praxis. Hamburg 1954.

Kalveram, W.: Industriebetriebslehre. 6. Auflage, Wiesbaden o. J.

Keller, Peter: Grundfragen der Arbeitsbewertung. 2. Auflage, herausgegeben vom Wirtschaftswissenschaftlichen Institut der Gewerkschaften. Köln 1949.

Keller, Peter: Leistungs- und Arbeitsbewertung. Köln 1950.

Kosiol, Erich: Theorie der Lohnstruktur. Stuttgart 1928.

Kosiol, Erich: Plankostenrechnung als Instrument moderner Unternehmungsführung. Erhebungen und Studien zur grundsätzlichen Problematik. Berlin 1956.

Kupke, Erich: Vom Schätzen des Leistungsgrades. Berlin 1943.

Kupke, Erich: Beiträge zur Frage des Leistungsgrades und der Vorgabezeit. Grundlagen und Praxis des Arbeits- und Zeitstudiums, Band 8, herausgegeben von Erwin Bramesfeld, Hans Euler und Kurt Pentzlin. München 1951.

Maucher, Herbert: Der Lohn in der Wirtschaft. Singen 1948.

Maucher, Herbert: Gespräche über Lohn und Leistung. Darmstadt 1953.

Nievergelt, Jakob: Arbeitsbewertung. Arbeitsplatz- und Persönlichkeitsbewertung als Entlöhnungsgrundlagen. Nussbaumen bei Baden 1952.

Paasche, Johannes: Aus der Praxis der Arbeitsbewertung. Kassel 1953.

Refa: Zweites Refa-Buch. Erweiterte Einführung in die Arbeitszeitermittlung. Berlin 1939.

Refa: Das Refa-Buch, Band 2: Zeitvorgabe. München 1952.

Reichsgruppe Industrie: Lohngruppenkatalog Eisen und Metall. Gemeinschaftsarbeit der Deutschen Arbeitsfront, Fachamt Eisen und Metall, und der Reichsgruppe Industrie, Fachgemeinschaft Eisen- und Metallindustrie. Berlin 1942.

Rögnitz, Hans: Refa-Repetitorium. Manuskript, Berlin 1952.

Schilling, A.: Theorie der Lohnmethoden. Berlin 1919.

Schloß-Bernhard: Handbuch der Löhnungsmethoden. Eine Bearbeitung von David F. Schloß' Methods of Industrial Remuneration von Ludwig Bernhard. Leipzig 1906.

Sommer, Josef: Bedeutungswandel und Formenwechsel des Arbeitslohnes. Würzburg 1941.

Taylor-Wallichs: Die Betriebsleitung insbesondere der Werkstätten. Autorisierte deutsche Bearbeitung der Schrift: „Shop management" von Fred. W. Taylor von A. Wallichs, 3. vermehrte Auflage, Berlin 1917.

Untersuchungen über die Entlohnungsmethoden in der deutschen Eisen-
und Maschinenindustrie, herausgegeben im Namen des Centralvereins
für das Wohl der arbeitenden Klassen von dessen Commission
G. *Schmoller,* L. *Bernhard,* V. *Böhmert,* E. *Francke,* Th. *Harms,*
G. *Zacher:*

Heft 1: *Bosselmann,* Otto: Die Entlöhnungsmethoden in der südwest-
deutsch-luxemburgischen Eisenindustrie. Berlin 1906.

Heft 2: *Schulte:* Die Entlöhnungsmethoden in der Berliner Maschinen-
industrie. Berlin 1906.

Heft 3: *Timmermann,* Walter: Die Entlöhnungsmethoden in der han-
noverschen Eisenindustrie. Berlin 1906.

Heft 4: *Reichelt,* Heinrich: Die Arbeitsverhältnisse in einem Berliner
Großbetrieb der Maschinenindustrie. Berlin 1906.

Heft 5: *Simmersbach,* Bruno: Die Entlöhnungsmethoden in der Eisenindustrie Schlesiens und Sachsens. Berlin 1906.

Heft 6: *Jeidels,* Otto: Die Methoden der Arbeiterentlöhnung in der rhei-
nisch-westfälischen Eisenindustrie. Berlin 1907.

Heft 7: *Günther,* Ernst: Die Entlöhnungsmethoden in der bayerischen
Eisen- und Maschinen-Industrie. Berlin 1908.

Heft 8: *Heiß,* Cl.: Die Entlohnungsmethoden in der Berliner Fein-
mechanik. Berlin 1909.

Heft 9: *Jollos,* W.: Die Lohn- und Arbeitsverhältnisse in der Berliner
Metallindustrie. Berlin 1911.

Walther, Alfred: Einführung in die Wirtschaftslehre der Unternehmung.
Band 1: Der Betrieb. Zürich 1955.

Wibbe, Josef: Entwicklung, Verfahren und Probleme der Arbeitsbewertung.
Grundlagen und Praxis des Arbeits- und Zeitstudiums, Band 6, herausgegeben von Erwin Bramesfeld, Hans Euler und Kurt Pentzlin. München
1953.

b) Beiträge in Sammelwerken

Gantt, H. L.: A Bonus System of Rewarding Labor. Transactions of the
American Society of Mechanical Engineers, Vol. XXIII, New York City
1902.

Halsey, F. A.: The Premium Plan of Paying for Labor. Transactions of the
American Society of Mechanical Engineers, Vol. XII, New York City
1891.

Henzler, Reinhold: Leistung und Lohn. Leistungswirtschaft. Festschrift für
Fritz Schmidt, herausgegeben von Fr. Henzel. Berlin-Wien 1942.

Kosiol, Erich: Die Arbeitsentlohnung. Handbuch des Einzelhandels, Stuttgart
1932.

Nicklisch, Heinrich: Ertrag. Handwörterbuch der Betriebswirtschaft, herausgegeben von H. Nicklisch. 2. Auflage, Stuttgart 1938.

Sandig, Curt: Arbeitslohn. Handwörterbuch der Betriebswirtschaft, herausgegeben von H. Nicklisch. 2. Auflage, Stuttgart 1938.

Taylor, Fred. W.: A Piece-Rate System. Transactions of the American
Society of Mechanical Engineers, Vol. XVI, New York City 1895.

c) Aufsätze in Zeitschriften und Zeitungen

Baldus, Theodor: Leistungsgehälter nach analytischer Arbeitsbewertung Zeitschrift für Betriebswirtschaft. 22. Jahrgang, Wiesbaden 1952.

Beste, Theodor: Der Leistungslohn. Arbeitsgemeinschaft für Forschung des Landes Nordrhein-Westfalen, Heft 16, Köln und Opladen 1952.

Böhrs, Hermann: Die Ausführungszeit im Aufbau der Vorgabezeit nach Refa. Refa-Nachrichten, Zeitschrift für Arbeitsstudien. 8. Jahrgang, Darmstadt 1955.

Bramesfeld, Erwin: Die Objektivität refamäßig ermittelter Vorgabezeiten. Refa-Nachrichten, Zeitschrift für Arbeitsstudien. 9. Jahrgang, Heft 1, Darmstadt 1956.

Euler, Hans und *Stevens*, Hans: Die Arbeitsbewertung im Rahmen der Leistungsentlohnung. Werkstatt und Maschine. 86. Jahrgang, München 1953.

Gartner, K.: Die menschliche Arbeitsleistung in den USA. Zentralblatt für Arbeitswissenschaft und soziale Betriebspraxis. 9. Jahrgang, Lüneburg 1955.

Goossens, Franz: Lohnformen im Wandel. Mensch und Arbeit, Zeitschrift für betriebliche Sozial- und Wirtschaftspraxis. 4. Jahrgang, Heft 7. München 1952.

Hain, W.: Wirkungen des Lohnes auf Produktivitätssteigerungen. Zentralblatt für Arbeitswissenschaft und soziale Betriebspraxis. 8. Jahrgang, Lüneburg 1954.

Heitbaum, Heinrich: Lohnermittlung bei fortschreitender Rationalisierung und Automation. Wirtschaftswissenschaftliche Mitteilungen, herausgegeben vom Wirtschaftswissenschaftlichen Institut der Gewerkschaften GmbH, Köln 1956.

Hohmann, Emil: Steuertarife und Lohngruppen hemmen die Leistung. Mensch und Arbeit. 4. Jahrgang, München 1952.

Hohmann, Emil: Der Leistungslohn als schwankungsfreie Existenzgrundlage. Mensch und Arbeit. 6. Jahrgang, Heft 3, München 1954.

Ingenohl, Ingo: Die Bestimmung der Arbeitsschwierigkeit. Industrielle Psychotechnik. 19. Jahrgang, 1942, Heft 7/9.

Koch, Matthias: Prämienlöhne. Sonderabdruck aus der Zeitschrift für handelswissenschaftliche Forschung. 12. Jahrgang, Leipzig 1919.

Kosiol, Erich: Prämienentlohnung im Einzelhandel. Zeitschrift für Organisation. 7. Jahrgang, Berlin 1933.

Kosiol, Erich: Organisation der optimalen Arbeitsleistung. Zeitschrift für Organisation. 10. Jahrgang, Berlin 1936.

Kosiol, Erich: Steigerung von Wirtschaftlichkeit und Produktivität in Unternehmungen. Zeitschrift für Betriebswirtschaft. 22. Jahrgang, Wiesbaden 1952.

Lehmann, G.: Die Bewertung der körperlichen Arbeit auf physiologischer Grundlage. Stahl und Eisen, Zeitschrift für das deutsche Eisenhüttenwesen. 64. Jahrgang, Düsseldorf 1944.

Lehmann, G.: Die Bedeutung energetischer Überlegungen für die Gestaltung der menschlichen Schwerarbeit. Refa-Nachrichten, Zeitschrift für Arbeitsstudien. 2. Jahrgang, Darmstadt 1949.

Pechhold, E.: Weitere Ergebnisse der Ifo-Erhebung über die Verbreitung des Arbeitsstudiums. Refa-Nachrichten, Zeitschrift für Arbeitsstudien. 9. Jahrgang, Darmstadt 1956.

Pentzlin, Kurt: Fragen der Lohngestaltung. Technik und Wirtschaft. 31. Jahrgang, Berlin 1938.

Pentzlin, Kurt: Grundfragen der Arbeitsbewertung. Refa-Nachrichten, Zeitschrift für Arbeitsstudien. 2. Jahrgang, Darmstadt 1949.

Peter, Hans: Der Lohn als Mittel der betrieblichen Sozialpolitik. Zeitschrift für Betriebswirtschaft. 20. Jahrgang, Wiesbaden 1950.

Refa-Nachrichten: Die Verbreitung des Arbeitsstudiums und die Bedeutung der Refa-Arbeit in Zahlen. Refa-Nachrichten, Zeitschrift für Arbeitsstudien. 9. Jahrgang, Heft 9, Darmstadt 1956.

Roepke, E. A.: Der Arbeitswert, eine natürliche Dimension menschlicher Leistung. Zentralblatt für Arbeitswissenschaft und soziale Betriebspraxis. 8. Jahrgang, Lüneburg 1954.

Rummel, Kurt: Leistungslohn und Lohnarten. Archiv für das Eisenhüttenwesen. 14. Jahrgang, Düsseldorf 1940.

Rummel, Kurt: Gedanken um Leistung und Lohn. Archiv für das Eisenhüttenwesen. 18. Jahrgang, Düsseldorf 1944.

Schack, Herbert: Der richtige und gerechte Lohn. Schmollers Jahrbuch, 73. Jahrgang, Berlin 1953.

Schmidt, Fritz: Der Leistungslohn. Zeitschrift für Betriebswirtschaft. Wiesbaden 1935.

Schoppe, R.: Bewertung der Angestelltentätigkeiten. Zentralblatt für Arbeitswissenschaft und soziale Betriebspraxis. 8. Jahrgang, Lüneburg 1954.

Timme, Heinz: Die analytische Beurteilung individueller Leistungen im Betrieb als Grundlage leistungsabhängiger Entlohnung. Refa-Nachrichten, Zeitschrift für Arbeitsstudien. 9. Jahrgang, Heft 3, Darmstadt 1956.

d) Dissertationen und Diplomarbeiten

Baer, Erhardt: Theorie und Praxis der Arbeitsbewertung. Ein Beitrag zum Problem des gerechten Lohnes. Dissertation München 1952.

Bedorf, Heinz: Die Bestimmung der Arbeitsmenge. Dissertation Köln 1953.

Behle, Gertrud: Die Lohnsysteme in Deutschland und den USA unter dem Gesichtspunkt der Verwirklichung des Leistungslohnes. Dissertation Frankfurt am Main 1948.

Bodelschwingh, Heinz v.: Die Leistungsbelohnung im amerikanischen Betriebe. Dissertation Technische Hochschule Berlin 1934.

Bonk, Hugo: Die modernen französischen Lohnsysteme und die Probleme ihrer Anwendung in den französischen Betrieben. Dissertation München 1951.

Brengel, Albert: Die Problematik der Arbeitsbewertung. Dissertation Heidelberg 1941.

Etzenbach, Günther: Moderne Tendenzen der Lohngestaltung. Zur wirtschaftspolitischen Behandlung des Lohnproblems, dargestellt an der zeitlichen Lohnsicherung in den Vereinigten Staaten und am Leistungslohn plus gesellschaftliche Lohnergänzungen in der Sowjet-Union. Dissertation Tübingen 1951.

Femppel, Gerhard: Der Leistungslohn. Dissertation Tübingen 1951.

Fleischmann, Eberhard: Zur Frage der Lohnformen im Reparaturgewerbe, insbesondere im Kraftfahrzeuginstandsetzungsgewerbe. Dissertation Freiburg i. B. 1950.

Furtner, Ludwig: Der Leistungslohn in der Betriebswirtschaft. Dissertation München 1949.

Gothe, Frank: Die soziologische Seite des Lohnproblems (Versuch einer theoretischen Kritik zur sozialwissenschaftlichen Behandlung des Lohnproblems). Dissertation Tübingen 1950.

Hämmerli, Heinz: Der Zeitakkord. Dissertation Bern 1949.

Hein, Friedel: Gleiche Leistung, Voraussetzung für gleiche Entlohnung von gewerblichen Lohnarbeitern und gewerblichen Lohnarbeiterinnen. Dissertation Frankfurt am Main 1950.

Hundertmark, Gerhard: Der gerechte Lohn als betriebswirtschaftliches Problem. Dissertation Köln 1953.

Kind, Arnold Paul: Akkordlohn, Leistungslohn. Dissertation Köln 1940.

Klöber, Günter: Die ökonomische Bedeutung der Prämienlohnsysteme. Dissertation Greifswald 1933.

Krause, Liselotte: Das Problem der Lohngerechtigkeit. Dissertation Bonn 1950.

Laiß, Gerhard: Fragen der technischen Arbeitsnormen und ihre Zusammenhänge mit den Fertigungsverfahren und Lohnformen. Dissertation Leipzig 1953.

Löhr, Walter: Das Leistungsprinzip in der Lohngestaltung. Dissertation Frankfurt am Main 1937.

Oboth, Heinrich: Der gegenwärtige Stand der Prämienlöhne in der Industrie. Diplomarbeit Freie Universität Berlin 1952.

Ochs, Richard: Grundlagen, Arten und Probleme des Leistungslohnes (Verhältnis von Leistung und Lohn). Dissertation Frankfurt am Main 1949.

Peter, Hans: Sind Prämienlöhne Leistungslöhne? Dissertation Frankfurt am Main 1949.

Peters, Waldemar: Betriebswirtschaftliche Probleme eines „gerechten" Lohnes. Dissertation Köln 1952.

Rex, Gerhard: Die Ertragsbeteiligung als betriebspolitisches Instrument und die Gewinnbeteiligung in betriebswirtschaftlicher Sicht. Dissertation Freie Universität Berlin 1956.

Rochau, Erwin: Das Bedaux-System, seine praktische Anwendung und kritischer Vergleich zwischen Refa- und Bedaux-System. Dissertation Technische Hochschule Stuttgart 1938.

Rottenbacher, Bartholomäus: Lohnsteigerungen und Arbeitsintensität. Dissertation Tübingen 1926.

Schroeder, Gerhard: Der Leistungslohn unter besonderer Berücksichtigung des Refa-Systems. Dissertation Hamburg 1946.

Stein, Fritz: Die betriebswirtschaftliche Bedeutung und Auswirkung des Bedaux-Systems. Dissertation Gießen 1932.

Unteutsch, Wilhelm: Das Bedaux-System und seine Kritik. Dissertation Technische Hochschule Aachen 1935.

Waldecker, Aloys: Ein Vergleich zwischen Bedaux-System und Refa-Methode. Dissertation Köln 1948.

Walther, Hans: Die Arbeitsbewertung im Industriebetrieb. Dissertation Köln 1950.

Wibbe, Josef: Probleme der Arbeitsbewertung und Lohngestaltung. Dissertation Köln 1950.

Bases and Forms of Wages

Contents

Summary

According to Kosiol *wages* are considered to be recompenses for human work performance that are proportioned to the expenditure of work energy in enterprises. The expenditure of work energy is shown in the rate of difficulty or the requirement characteristics of the job as well as in the rate of the individual display of performance (rate of performance). By this the technical expenditure of work energy is meant that leads to a *performance in a technical sense* of the word, i. e. to a performance of quantity, quality or savings (savings of raw and auxiliary material and fuel). From this point of view the sharing of profits is not considered to be a wage form as it is not proportionate to a technical but to a different measure: According to Kosiol profit sharing is either a recompense for economic performance or decisions having a substantial bearing on profits or it is a grant for social reasons. This study only occupies itself with wages in the limited sense as mentioned above.

During the last years the handling of the wage problem in German business has been marked by the further development of job evaluation and standard time methods as well as by several studies covering the evaluation of work performance. Job evaluation, evaluation of work performance, and the determination of standard rates are denoted as *bases for compensation* as they form the foundation for a fair application of the two means of wage policy, the wage rate differentiation and the wage form. The task of creating and developing practicable bases for compensation which in Germany is carried through particulary by the Reichsausschuß für Arbeitsstudien (Refa), by Euler and Stevens is of great importance for management, as only perfect standards of performance and acknowledged job values make a fair and incentive compensation possible.

For the management of an enterprise it is, however, not only important to adjust the wage rates for every single employee on the basis of an adequate job evaluation and to find out exact performance standards. The responsible manager moreover has to consider even in a specific case, which wage form is adequate to a specific way of performance and should be used in correspondence with managerial objectives of performance. Beside the bases for compensation the *wage forms* have also an important bearing on a succesful wage policy of an enterprise. For wage determination attention has of course to be paid to the regulations of wage agreement contracts.

The structural problems of the wage forms were thoroughly examined by Kosiol in his publication *"Theorie der Lohnstruktur"* (Stuttgart 1928). There has been no other publication since then which explains these problems as systematically. In respect to the indicated new development in the field of bases for compensation, Kosiol has suggested the present study. It restricts itself to the problems of fair compensation for human work without entering into the question of labour costs and other problems.

The principle of equivalence of wage and performance — as developed by Kosiol — is valid as a general principle for the compensation by performance. As mentioned before, the human work performance which is meant here, is marked by the respective difficulty of work (requirement characteristics) and by the personal performance (rate of performance) displayed by the single working person. Consequently the general *principle of the equivalence of wage and performance* contains two specific principles. First: the principle of the equivalence of wage and *requirement characteristics;* and second: the principle of the equivalence of wage and *rate of performance*.

Two things are necessary for putting the general principle of equivalence into practice. First: the human work performance (in the sense mentioned) has to be registered in quality and quantity. This is a problem of gaining a suitable compensation base. If this first problem is solved in a satisfactory way, the second step may be done. This is the attachment of an equivalent compensation to the respective performance by means of suitable wage policy (differentiation of wage rate and formation of wage forms). By this not a certain absolute wage level but the relation of single wages among each other — the *relative wage level* — is considered. The principle of equivalence only refers to the relations between the different wages of an enterprise that have to express the different work performances (requirement characteristics and rate of performance).

The registration of human work performance for the purpose of compensation by performance is necessary in a double regard: i. e. with regard to the general difficulty of work and in regard to the real individual display of performance in case the difficulty of work is given.

The difficulty of work is to be gained by job evaluation. In Germany *analytic job evaluation* — mainly developed by Euler and Stevens — is generally considered to be the best method of job evaluation. Euler and Stevens try to find the work difficulty by an analysis of the respective job. The complex of job requirements is split up into a limited number of typical requirement characteristics (work knowledge, dexterity, physical and intellectual strain, responsibility, environment factors). After defining the different relations of the requirement characteristics to one another (weighing of characteristics) degrees of characteristics (mostly 3 to 5 degrees) are established. Each degree owns a certain number of points. The actual strain of the worker caused under the different characteristics is analyzed as ovjectively as possible, points are given for each characteristic respectively, and the whole work strain is expressed by the total number of points gained (job value).

Fore the consideration of the individual performance in a piece rate or premium wage system an exact ascertainment of the normal performance is necessary *(determination of standard values)*. In Germany this problem is mainly handled according to the methods provided by the Reichsausschuß für Arbeitsstudien (Refa) in the form of an ascertainment of a normal time. Starting with a systematic time classification the normal time is gained by way of time study and an estimation of the rate of performance. As a rule all persons concerned acknowledge the normal time as being sufficiently precise if the process is handled objectively.

If on account of the peculiarity of work and its conditions an exact normal value cannot be defined, the individual display of performance must be found by means of an *evaluation of work performance,* as the individual performance can otherwise not be compensated adequately. The methods employed for an evaluation of work performance are different from one enterprise to another. Mainly it is an attempt to estimate and register the individual work results or the personal performance characteristics, that influence the output of work as satisfactorily as possible. The differences of performance found in this way have to be considered additionally in the wage rate.

The compensation by performance as such makes use of two means of wage policy: the *differentiation of wage rates* and the *wage forms.* Both means are designed to strengthen the inclination for work and lead to a sound development of human work performance. The varying difficulty of different kinds of jobs is taken into consideration by a differentiation of wage rates on the basis of different requirement characteristics. The differentiation of wage rates furthermore (if time wages are applied) can take the different personal performance (rate of performance) into account by changing the original wage rate. The wage forms (piece rate and premium wages) serve as means for a fair compensation of individual fluctuations in performance. In principle such fluctuations should not exist if the time wage plan is applied.

Otherwise they must be taken into consideration on the basis of an evaluation of work performance by means of an alteration of the wage rate.

Mostly wage rates continue for a *longer time* and therefore are easily used customarily. For the worker it is difficult to attain a higher wage level. A fair differentiation of wage rates doubtlessly contributes to a greater display of performance as the consciousness for a fair graduation of wage rates strengthens the inclination for work. In principle the differentiation of wage rates *promotes the work performance*. The wage forms of the piece rate and premium wage — in contrast to the differentiation of wage rates — offer the possibility to obtain an increase in wages *in the short run*. Its incentive effect is therefore constantly effective and obviously stronger than that of the differentiation of wages. The wage forms offer a direct incentive.

What importance do the bases of compensation have today for the application of wage forms?

Fundamentally job evaluation in its refined analytic form is of importance for *all* wage forms, because independent of the wage form it is the basis for a fair differentiation of the wage rate which in any case exerts a favourable influence on the display of performance. Job evaluation, however, gains a *special bearing on the time wage* in connection with the differentiation of wage rates, as the time wage is by its structure no direct incentive for an increase in efficiency. If in addition the time rates are adapted to the individual performance based on job evaluation in short intervals, even a direct incentive can be given. Because of its inner structure the time wage is lacking in a tendency for an increase in efficiency. This tendency is substituted by the performance-promoting effect of wage rate differentiation based on requirement characteristics and by the direct incentive gains of the differentiation of wage rates based on individual performance (evaluation of work performance). Therefore the time wage can today be used more successfully than before the development of the bases for compensation as mentioned above.

For the *piece wage* the refinement of methods for determining standard values has mainly resulted in a removal of the difficulties which formerly were often connected with its practical application.

Time wage and piece wage, however, are not the only wage forms for a compensation by performance. The dissimilarity of different kinds of jobs also requires the application of *premium wages* that can be formed in various ways. Furthermore these wage forms have a strong bearing on the *performance policy of business,* as they can be shaped in such a way that they influence quantity and quality of performance in every range desired by management. Hereby it is possible to design each premium wage plan in such a way that it corresponds to the agreements of the wage contract and the standard wage is granted for the standard performance.

The aim of exercising an effective influence on the work performance in this way can only be attained by means of the wage forms. The differentiation of wage rates is merely able to create a tendency towards a general increase of work. This also shows a superiority of the wage forms in respect to the differentiation of wage rates and the importance that even today is attributed to the different wage forms, in spite of the extraordinary significance of a differentiation of wage rates by performance. The wage forms therefore should not be neglected when treating wage problems in business.

Printed by Libri Plureos GmbH
in Hamburg, Germany